PSICOLOGIA OSCURA

Come distorcere la realtà a tuo favore facendo credere agli altri quello che vuoi tu anche se non la pensano come te polverizzando senza sforzo ogni tipo di obiezione

Di

Eric Castellani

Indice

Si prega di notare che il contenuto di questo libro è esclusivamente per scopi educativi e di intrattenimento. Ogni misura è stata presa per fornire informazioni accurate, aggiornate e completamente affidabili. Non sono espresse o implicate garanzie di alcun tipo. I lettori riconoscono che il parere dell'autore non è da sostituirsi a quello legale, finanziario, medico o professionale.

Se ti affascina il mondo della psicologia e della persuasione ti potranno interessare anche:

CARISMA: Come diventare il leader incontrastato del tuo gruppo, essere più socievole, attraente e magnetico anche se sei nato timido o pensi di esserlo

http://amzn.to/2KQ6LWe

COME ANALIZZARE LE PERSONE: Tecniche di psicologia comportamentale per leggere l'anima delle persone attraverso il linguaggio del corpo e capire cosa si nasconde dietro le parole di tutti i giorni

https://amzn.to/3rlD0gJ

In questi due manuali imparerai:

- L'esatto processo step by step per fare una prima impressione da urlo, catalizzando l'attenzione su di te in un attimo
- Come fare esplodere la tua autostima e diventare la versione migliore di te stesso (scoprirai come valorizzare i tuoi punti deboli e individuare i tuoi punti di forza)
- Come creare conversazioni intriganti, divertenti e potenzialmente infinite e non rimanere MAI PIU' senza nulla da dire quando incontri uno sconosciuto
- Come diventare il leader del tuo gruppo anche se sei sempre stato considerato "quello timido" e nessuno ti ha mai ascoltato

- Come crackare tutti e 3 i cervelli di chi ti sta davanti
  e leggerlo come un libro aperto (sì, abbiamo 3
  cervelli, non lo sapevi? Non basta decifrarne uno
  solo…)
- Come rendere il tuo interlocutore totalmente
  inoffensivo e farlo giocare a carte scoperte anche se
  pensa di essere più furbo di te (riuscirai a capire
  cosa pensa anche solo guardandogli le mani…)
- L'esatta procedura mai rivelata che permette di
  individuare il 94,5% delle bugie durante una
  conversazione (lo scopriremo insieme analizzando
  nel dettaglio un vero interrogatorio)
- E molto altro ancora!

Introduzione: La storia di Charlie

Siamo nel 1968 e Dennis Wilson è una delle rockstar più famose d'America. Membro dei "Beach Boys" sta vivendo una vita da sogno.

Certo, gli ultimi lavori del gruppo non hanno ottenuto il successo sperato, ma i fan sono leali e non li hanno abbandonati.

Dennis è sicuro che i "Beach Boys" hanno ancora molto da dare e il loro prossimo lavoro sarà un grandissimo successo, basta solo saper aspettare l'ispirazione giusta.

Nel frattempo Wilson si gode la sua villa, il surf, sesso sfrenato e LSD in quantità. Diamine, è una rockstar!

Un giorno Dennis nota due ragazze che fanno l'autostop, giovani, carine e poco vestite.

Dennis è sicuro che una delle due finirà nel suo letto e le fa salire in auto.

Le due ragazze sono decisamente poco disinibite e non hanno problemi a fare sesso a tre con un cantante famoso, anzi, le loro amiche impazziranno dalla gelosia quando lo sapranno.

Dennis non si fa pregare e fa sesso con le due ragazze contemporaneamente e poi le loro strade si dividono.

Dennis è sempre più convinto che essere famoso sia una figata e le due ragazze hanno una bella storia da raccontare alle amiche.

A questo punto della storia è facile intuire che il primo insegnamento di questo libro è "Non dare passaggi agli sconosciuti" perché Dennis Wilson con quel passaggio in auto ha dato il via a una serie di eventi che porterà a uno dei massacri più efferati della storia Americana.

Wilson non pensa più a quell'episodio per qualche tempo, ma poi trova di nuovo le due ragazze a fare l'autostop e le carica di nuovo in auto.

Il copione si ripete, sesso a tre per tutta la notte, che figata essere Dennis Wilson!

Dennis il giorno dopo deve lavorare a delle incisioni e non ha tempo di accompagnare le due ragazze dove devono andare. Le lascia nella sua villa e gli dice di fare come se fossero a casa loro.

Lui tornerà in serata per darci dentro di nuovo con loro.

Dennis torna tardissimo, alle 3 di notte e quello che vede lo mette a disagio.

La sua villa è piena di gente che si droga, fa sesso e beve come spugne. Sembra una festa, ma nessuno si è degnato di avvisare il padrone di casa.

Dennis cerca di capire che diamine succede quando vede un tizio magro, con la barba e uno sguardo magnetico che si avvicina a lui assieme alle due autostoppiste.

Wilson crede che quel tizio sia il pappone delle ragazze e vuole dei soldi e si prepara a pagare le prestazioni ma il tizio sorride e dice di stare tranquillo.

"Non ho cattive intenzioni, sei tu il pezzo grosso qui!" dice, e per sottolineare le sue parole si mette in ginocchio e bacia i piedi del musicista.

Wilson nota che tutte le donne sembrano pendere dalle labbra di quel tizio, che gli dice di scegliere chi vuole per fare sesso, tutto gratis, è il minimo che può fare per lui.

Dennis non si fa pregare e ci da dentro per tutta la notte.

Che figata essere Dennis Wilson.

Il tizio si chiama Charlie Manson e lui e Dennis diventano amici.

Manson è carismatico e affasciante, anche se Dennis non riesce a non sentirsi a disagio vicino a lui, come se quel tizio fosse una bomba a orologeria pronta a esplodere.

Charlie ha fondato una comune hippy e chiede a Dennis se possono fare base a casa sua per qualche tempo e il cantante acconsente.

Manson in cambio lo fornisce di donne e droga, che sembra sempre possedere. Charlie gli dice che la comune si mantiene con qualche furtarello e con lo spaccio.

Basta chiedere quello che vuoi e Charlie te lo trova, e anche di ottima qualità.

Charles Manson, pensa Wilson, tipo interessante.

Manson nasce a Cincinnati il 12 novembre 1934, figlio di una ragazza madre.

Il padre naturale è sconosciuto.

Manson ha un'infanzia turbolenta e segnata da violenze e ripetute umiliazioni.

La madre non riesce a trovare un uomo quantomeno decente e pure lei si mette d'impegno a rendere tutto più complicato con problemi di droga.

Kathleen, la madre, spesso fa la prostituta e a malapena riesce a prendersi cura di se, figuriamoci un bambino problematico come Charles.

Il piccolo Manson infatti ha un talento naturale per il crimine e dice bugie con una facilità disarmante e sin da piccolo dimostra di essere un manipolatore nato.

Riesce a far fare agli altri il lavoro sporco la maggior parte delle volte e l'idea di vivere una vita onesta non gli passa nemmeno nell'anticamera del cervello.

Charlie passa la maggior parte della sua vita dietro le sbarre per mille reati diversi e il carcere lo rende viscido, ossessionato dal sesso e dal potere, manipolatore e pronto a tutto per raggiungere i suoi scopi.

Il percorso di Manson ricorda quello dello scrittore Edward Bunker, entrambi reietti e destinati a marcire in galera, e entrambi che sperano di trovare un posto nel mondo in modo "pulito".

Bunker ci riesce con i libri, Manson impara a suonare la chitarra e compone canzoni e sogna di sfondare nello show business e di suonare con i Beatles, i suoi idoli.

Manson li adora, conosce a memoria tutte le canzoni e quello che dicono i Fab 4 è Vangelo per lui.

Nel 1967 Manson esce (per l'ennesima volta) dal carcere e questa volta è determinato a non tornarci più.

Non sappiamo se sia la voglia di una vita normale o semplicemente l'istinto del criminale, ma Charlie non vuole più finire in gattabuia.

Ha una chitarra, dei quaderni pieni di testi e vuole sfondare nel mondo della musica, ma non sa come.

Tutti i criminologi sono abbastanza concordi nel dire che Manson non sarebbe mai diventato quello che è stato se non si fosse trovato nel posto giusto al momento giusto.

Siamo nel pieno del periodo hippy, ci sono tantissimi giovani confusi e in preda alle droghe e Charlie può sfruttare con loro il suo carisma e le tecniche di manipolazione che ha studiato in prigione.

Quei ragazzi necessitano di una guida e Charlie è pronto a diventarlo.

Manson si comporta come Gesù e inizia a raccogliere discepoli, principalmente donne perché non ama la competizione con altri ragazzi a meno che non capiscano immediatamente chi è che comanda.

Il suo gruppo si chiama Family e girano per lo stato con uno sgangherato furgoncino nero e alla fine si sistemano in un ex set cinematografico fuori Los Angeles, a due passi da Hollywood.

Charlie controlla il gruppo in maniera maniacale, lui è Cristo e Satana assieme e la sua parola è legge.

Chi si oppone viene cacciato e Manson profetizza anche l'arrivo imminente di una guerra razziale.

Lo ha capito leggendo i testi dei Beatles che contengono dei sottotesti che solo lui può capire.

Sono "loro" contro di "noi", e dobbiamo essere pronti a tutto quando arriverà il momento della resa dei conti, un perfetto metodo di manipolazione mentale, e funziona.

Charlie e la Family tirano a campare con furtarelli, facendo prostituire le ragazze e con lo spaccio di droga, e Manson si assicura che tutti siano sempre ben imbottiti di droga per non pensare a nulla e non mettere in dubbio la sua leadership.

Tutto inizia a cambiare quando le due ragazze che hanno cavalcato il pene di Wilson raccontano a Charlie cosa è successo e questo incontro casuale sembra un segno del destino per Manson, che probabilmente spinge le due ragazze a rintracciare il cantante.

Questo è Charles Manson, il nuovo migliore amico di Dennis Wilson.

Manson prova a manipolare Wilson usando tutte le sua armi a disposizione: donne, droga, carisma e parlantina e Dennis deve ammettere che Charlie non è male, è strano, certo, ma è a posto e sempre pieno di donne, è una persona che vale la pena avere al proprio fianco.

Charles parla al musicista e gli rivela il suo sogno di diventare un cantante, facendogli vedere testi e accordi che ha scritto. Wilson è colpito dall'opera di Manson e crede che ci sia del talento e comunque vuole sdebitarsi dopo tutta la droga che Charlie gli ha regalato assieme alle donne e chiede al suo produttore, Terry Melcher, di dare una chance a quel tizio.

Melcher è il figlio di Doris Day ed è l'uomo dietro al successo dei "Beach Boys".

Sa riconoscere il talento e quando vede Charlie sente una strana sensazione.

Il tizio ha uno strano magnetismo, bisogna riconoscerlo, e potrebbe bucare lo schermo, ma le canzoni non lo fanno impazzire e sente delle sensazioni strane.

Forse è il suo sesto senso che lo avvisa che quel tizio porta solo che guai e di lasciare perdere.

Terry decide di ascoltare quella voce e dice a Manson che gli dispiace, ma non se ne farà nulla.

Grazie per essere venuto, buona fortuna e ciao.

Charlie non la prende bene e forse questo rifiuto è la prima grande delusione della sua vita.

Le sue manipolazioni non hanno avuto successo e quel tizio gli ha detto che non è speciale e anzi, non vale la pena investire su di lui.

È un trauma per Charlie, specialmente dopo aver accarezzato così da vicino il suo sogno.

Dennis Wilson prova a metterci una pezza e riesce a convincere gli altri membri del gruppo a inserire una canzone di Charlie nel loro prossimo album, "20/20" (1969).

Charlie ne è felice e decide anche di rinunciare a qualsiasi diritto sulla canzone pur di apparire nel loro album.

Non è l'esordio che sognava ma milioni di persone ascolteranno le sue parole.

Manson crede molto in questo progetto e incide anche delle tracce audio a casa di Wilson (mai pubblicate).

Ma la realtà è ben diversa da quella in cui vive Manson.

Gli altri Beach Boys non si fanno manipolare come Dennis e concordano nel dire che la canzone non funziona in quel modo, deve essere riarrangiata.

Il pezzo di Manson si chiama "Cease To Exist", il gruppo lo rivoluziona totalmente e lo chiama "Never Learn Not To Love".

Inutile dire che Charlie non la prende bene, anzi, si incazza come una bestia e promette vendetta.

Forse in quel momento la sua mente parte per il punto di non ritorno anche perché questi continui insuccessi iniziano a mettere in discussione la sua leadership nella setta.

Dennis Wilson ha capito che qualcosa è cambiato e che Manson è una bomba a orologeria e decide saggiamente di levare le tende lasciando Manson padrone in casa sua.

Charlie tuttavia si stufa presto e se ne va, ma lascia dei proiettili in bella vista e minacce rivolte ai figli di Dennis, che a questo punto capisce di aver fatto una gran cazzata a farsi manipolare da quel tizio.

Manson capisce che deve fare qualcosa per mantenere le redini del comando e la sua sete di vendetta lo porta a creare un piano diabolico.

Da tanto tempo predica una guerra tra bianchi e neri con la Family unica sopravvissuta e non è mai successo nulla.

Il nemico immaginario non è arrivato e forse non arriverà mai e quindi bisogna fare qualcosa, anticipare i tempi.

Manson dice ai suoi uomini più fidati che devono scuotere il sistema e dare il via a tutto.

L'Apocalisse è a un passo, basta solo una spintarella.

Il luogo della sua vendetta è il 10050 di Cielo Drive, l'indirizzo della villa di Terry Melcher.

Manson lo vuole macellare per non aver creduto in lui.

Sa che Terry non abita più li ma non gli interessa, vuole colpire in quella casa e scatenare l'Inferno, come una sorta di vendetta strana, una chiusura del cerchio perversa.

In quella villa è stato rifiutato, e in quella villa si sarebbe vendicato del mondo.

Ma Manson è un manipolatore, non vuole sporcarsi le mani e quindi è fedele al motto "armiamoci e partite".

Carica a mille i suoi migliori seguaci e li istruisce con semplici ordini: "Uccidete tutti" e "Fate casino".

L'8 Agosto 1969 la follia inizia.

Manson e la squadra scelta di seguaci arrivano alla villa. Manson resta fuori, sa bene che i suoi eseguiranno i suoi ordini alla perfezione, non serve la sua presenza.

In realtà, da buon vigliacco manipolatore non ha le palle di fare tutto da solo e manda avanti gli altri.

Nella villa adesso vive il regista Roman Polansky con la moglie incinta Sharon Tate.

Roman è in Europa adesso per lavoro e Sharon ha invitato degli amici in casa.

Persone che moriranno in modo orribile solo perché erano nel posto sbagliato al momento sbagliato.

Il commando di assassini non ha pietà nemmeno della Tate incinta e uccidono tutti, anche un venditore porta a porta che passava di li per puro caso.

Le cose però non vanno come Charlie desidera.

Lui voleva un lavoro pulito e ha ottenuto un massacro da macelleria messicana con corpi e frattaglie ovunque.

È incazzato nero quando i killer tornano e pretende delle scuse per il casino che hanno fatto.

Il giorno dopo uccidono una coppia di origini italiane, i coniugi LaBianca e anche in questo caso Manson esce di casa prima degli omicidi, delegando il lavoro sporco agli altri.

Quello che doveva essere l'inizio di una nuova era per la Family in realtà si rivelò essere l'inizio della fine.

Molti membri si spaventarono davanti a quelle atrocità e scapparono via.

Manson fatica a tenere le redini della situazione e anche i suoi fedelissimi iniziavano a dubitare di lui e preferiscono andarsene fino a quando le acque non si calmeranno un po.

Una delle seguaci di Manson viene arrestata e in carcere confessa tutto a una compagna di cella, che lo dice alla polizia. È la prova decisiva e tutta la Family viene arrestata in diversi punti del paese.

Il leader viene trovato nascosto dentro a un armadietto nella base della setta.

Il processo è rapido e Manson da spettacolo presentandosi con una svastica incisa sulla fronte e prova a manipolare ancora una volta la gente, questa volta in diretta nazionale.

Lui non ha ucciso nessuno, nega tutte le accuse anche se poi dice che il suo unico rimpianto è non aver ammazzato più gente.

"Se avessi fatto sul serio a quest'ora sareste tutti morti" dice.

Sono tutti condannati a morte, pena poi commutata in ergastolo.

Manson non si pente mai dei suoi crimini e muore in carcere nel 2017 dopo una lunga malattia.

Quasi tutti i membri della Family sono morti ma i loro crimini vivranno per sempre.

Dennis Wilson tiene un basso profilo durante il processo e promette di scrivere un libro che non vedrà mai la luce.

Muore in mare nel 1983 e Manson commenta che gli sta bene.

Come mai questa introduzione macabra?

Manson è un perfetto esempio di manipolazione malvagia.

Ha usato il suo carisma e il potere della mente per scopi malvagi e tante persone hanno sofferto per questo.

Ha manipolato persone e continua a farlo tutt'ora dalla tomba dato che tante persone lo reputano innocente.

Tex Watson, braccio destro di Manson e esecutore materiale dei delitti ha ammesso che Charlie gli era entrato nella testa e diceva cose che lui voleva sentirsi dire.

Si è preso la piena responsabilità dei delitti e delle sue azioni, ma ha detto che Manson ha trovato davvero terreno fertile con lui.

Watson prega ogni giorno e ha trovato la fede, ma sa bene che nulla può cancellare quello che ha fatto.

La mente umana è affascinante ma è anche piena di difetti, basta poco per manipolare le persone e spingerle a fare cose malvage.

In questo libro parleremo della psicologia oscura, ovvero di alcune tecniche di manipolazione mentale ma lo faremo a fin di bene.

Quello che leggerai qui non è concepito per scopi malvagi ma per trattare con gli altri, farseli amici e migliorare la propria vita.

Il mondo è già anche troppo pieno di odio, non è necessario aggiungerne altro ma, come ha detto Ghandi, è fondamentale essere il cambiamento che si vuole nel mondo.

Pensa a Charles Manson e fai l'esatto contrario, non sbaglierai, te lo garantisco.

E adesso parliamo di cose più leggere, ti svelo subito il segreto per manipolare chiunque, dal tuo amico del cuore fino a un perfetto sconosciuto, la tattica segreta per fare in modo che gli altri facciano tutto quello che vuoi.

1. Come far fare agli altri quello che vuoi

È molto semplice: prendi un coltello a serramanico o un coltellone da macellaio, aggredisci la tua vittima e mettigli il coltello alla gola, poi digli quello che vuoi che lui/lei faccia per te.

Sembra che l'effetto derivante dall'avere un coltello puntato alla gola renda tutti molto più collaborativi.

Scherzi a parte, si tratta di un metodo che ha usato anche Charles Manson.

Come è stato in grado di convincere dei ragazzetti, seppur confusi dalle droghe, a trasformarsi in killer e massacrare ferocemente delle persone che non gli avevano fatto nulla di male?

Semplice, manipolazione mentale che tende a un solo obiettivo: *fare in modo che gli altri vogliano quello che vuoi anche tu.*

Tutto qui, semplicissimo.

Ma come farlo capire alla gente?

Si dice che le persone non sappiano quello che vogliono fare, essere o comprare almeno fino a quando non arriva un tizio che gli dice esattamente quello di cui hanno bisogno.

È un ragionamento perfetto anche per la manipolazione mentale: le persone non sanno cosa vogliono (sei tu che lo sai) ma dentro di loro la risposta è già presente, serve solo un tizio che la indichi chiaramente.

E quel tizio sei tu.

Alla fine, indipendentemente da che tipo di persona stai provando a manipolare, il modo per fare in modo che gli altri vogliano quello che vuoi anche tu è uno solo: fare leva sul loro desiderio di grandezza, la voglia di contare qualcosa e di sentirsi importanti e migliori degli altri.

Ecco come Manson ha plagiato la mente di tanti ragazzi.

È arrivato e gli ha detto che loro non contavano nulla per la società, ma sotto alla sua guida sarebbero potuti tranquillamente diventare qualcuno e anzi, spaccare il culo a quei vecchi bacucchi!

Probabilmente ha detto al manipolo di killer che ha sterminato Sharon Tate, i suoi ospiti e i coniugi LaBianca che sarebbero stati ricordati per sempre come dei martiri della rivoluzione o qualcosa del genere e che i libri di scuola avrebbero parlato di loro.

Tutti li avrebbero riconosciuti e il loro nome sarebbe entrato nella storia.

E sicuramente queste parole hanno funzionato se è successo quello che è successo.

Ovviamente non devi convincere nessuno a sterminare una famiglia, ma, indipendentemente da cosa devi fare, è fondamentale per te fare in modo che le altre persone si sentano importanti mentre fanno qualcosa.

È un metodo che usano tanti datori di lavoro e che consiste nel motivare il personale mostrando i risultati ottenuti dall'azienda nell'ultimo periodo, sottolineando molto che è solo merito del loro duro lavoro se si sono ottenuti numeri da capogiro!

Tutti si sentiranno importanti, puoi starne certo, hanno portato l'azienda a livelli record.

Questo principio si può applicare a tutto o quasi.

Chi va in palestra per farsi un bel fisico lo fa per motivi di salute ma anche per sentirsi importante e apprezzato e va in brodo di giuggiole ogni volta che qualcuno gli fa i complimenti per il suo fisico.

Chi studia vuole essere considerato intelligente e avere un lavoro accettato socialmente come importante e così via.

Alla fine le persone sono creature insicure sempre alla ricerca di qualche conferma e di un tizio che dica loro che sono speciali.
È la chiave per entrare nel cuore di ogni donna e ti permetterà di far fare alle persone quello che ti pare.
Come fare in modo che le persone si sentano apprezzate da te? Puoi farlo in diversi modi:

- Inizia facendo dei complimenti sinceri alla persona che vuoi portare dalla tua parte. Attento, i complimenti sinceri sono molto diversi dall'adulazione fine a se stessa. Chi adula lo fa in modo esagerato e si vede lontano un chilometro che non è assolutamente sincero nelle sue azioni, mentre chi fa un complimento in modo sincero riuscirà a risultare più credibile. Se credi veramente in quello che dici sei a cavallo, altrimenti dovrai recitare la parte nel modo più naturale possibile. C'è la possibilità che Manson credesse veramente in quello che sosteneva, ma è più probabile che dicesse a quei ragazzi che erano dei fighi sottovalutati solo per portarli dalla sua parte, ma lo diceva in modo così naturale che loro finivano per credergli.

- Crea un nemico immaginario e attribuiscigli tutte le sfighe che capitano alla gente. Sono "loro" ad averti rovinato la vita, è a causa di tizi che si riuniscono nell'ombra in una stanza e pianificano il destino del mondo se spacchi pietre dalla mattina alla sera e sicuramente è colpa del sistema se sei un povero idiota che non ha niente di meglio da fare che ammazzarsi di droghe tutto il giorno. Il nemico deve essere riconoscibile ma vago, devi capire chi è ma non associargli un nome (o meglio, può essere personificato da più persone contemporaneamente). Il "sistema" è un nemico perfetto, è vago, può essere impersonato dal presidente del Consiglio, dal Capo della Polizia, dal Presidente degli USA e anche dal panettiere sotto casa se riesci a essere abbastanza fantasioso. Tutti odiano il sistema ma nessuno lo ha mai visto in faccia. Non esiste nemico migliore e se ha spinto i seguaci di Manson a fare stragi nelle ville devo ammettere che è dannatamente efficace come motivazione.

- Mostra alla persona che vuoi portare dalla tua parte il tuo piano, la "big picture" che hai in testa e soprattutto che benefici può ottenere lui da questa situazione. La domanda che tutti hanno in testa in queste circostanze è sempre "Si, ma io che ci guadagno?". Dovrai vendergli un piano sensazionale, la soluzione di tutti i suoi problemi, la fine delle tribolazioni e un periodo di prosperità incredibile. Tutto sarà diverso e otterrà finalmente quello che merita. Vendi qualcosa che non esiste in modo efficace e non avrai problemi a portare le persone dalla tua parte. Pensa ai politici che vendono fumo, proiettano una "big picture" nella mente delle persone e loro la accettano, votandoli e eleggendoli loro leader.

- Sfrutta la paura della persona proponendoti come il tizio che è arrivato con la missione di cavarlo fuori dagli impicci. La paura è una grande debolezza delle persone e chi ha paura è molto più vulnerabile ai pericoli e alle manipolazioni. Dovrai solo fare leva sulla loro paura e dire che sei la soluzione a tutti i loro problemi. Devono solo credere in te e fidarsi delle tue parole, diamine, volete le stesse cose, non potrete fallire, ma ogni persona dovrà fare la sua parte.

Sfrutta queste debolezze per entrare nella mente delle persone e portarle a volere quello che tu vuoi.
Può essere il realizzare assieme un progetto, fidanzarsi, vendere qualcosa, andare in vacanza da qualche parte o cose così.
Se riuscirai a manipolare la situazione a tuo vantaggio con una comunicazione adeguata avrai la concreta possibilità di portare a termine il tuo obiettivo in pochissimo tempo.
Per portare le persone a ragionare come te ti ho scritto una serie di consigli molto utili, ma ce ne sono due che mi sembravano sprecati messi in un elenco puntato.
Vorrei approfondirli con te dedicando loro qualche riga.
Sono consigli utilissimi che dovresti imparare a memoria e stampare su un foglio da mettere sul tuo comodino in modo che siano l'ultima cosa che vedrai la sera e la prima cosa che leggerai la mattina, in modo che ti possano entrare dentro alla testa per sempre.
La critica è inutile se non dannosa per il tuo scopo
Vedi le cose anche dall'altro punto di vista
Sono semplici regole e mi dispiace se ho alzato troppo le tue attese e sei rimasto deluso, ma spesso le cose più semplici sono anche le più dannatamente efficaci.
Bene, vediamo che cosa vogliono dire queste due regole.
Le critiche. Ti piace essere criticato?
No?
Bene, ne ero sicuro.

Credo che non esista persona sulla faccia della Terra che voglia essere criticato per quello che fa, indipendentemente dal fatto che la critica sia positiva o negativa.

La mia fidanzata detesta le critiche, per esempio, ma proprio a livello personale, riescono a toccare qualche cosa nascosta dentro alla sua anima e la mandano fuori di testa.

Non vuole essere criticata per quello che fa, per come si veste o per come cucina qualcosa e se solo ci provo mi rovino la serata.

Per molto tempo ho sbagliato atteggiamento e non risparmiavo le critiche a quello che faceva, anche esagerando a volte, lo devo ammettere.

Io criticavo, lei rispondeva, io continuavo e si dava il via a un litigio che poteva durare anche delle ore e che alla fine aveva il solo risultato di rendere pesante la situazione e di creare un fortissimo clima di tensione tra di noi.

E sai perché le persone detestano le critiche, sia quelle dove ci si infervora lanciando sedie a destra e a manca, si battono i pugni sulla scrivania e si dice al collega che non ha capito un fico secco di quello che doveva fare e adesso il cliente è furibondo e sia quelle critiche serie, educate e che cominciano con "Ma guarda, hai fatto un buon lavoro nel complesso, ma ho trovato degli errori e adesso ti dico come correggerli"? Perché le critiche sono nemiche naturali di quello che le persone cercano veramente, ovvero sentirsi importanti.

Se vieni criticati significa che hai sbagliato e non sei perfetto. Il tuo orgoglio ne risente tantissimo e ti senti meno importante, vai in crisi e la tua prima reazione istintiva è quella di chiuderti a riccio e cercare di difendere quel poco di orgoglio che ti rimane anche se dentro di te sai che l'altro ha ragione. Lo sai, ma il tuo orgoglio se ne frega e vuole una rivincita come se fosse un bambino capriccioso.

Brutta bestia, l'orgoglio. Come canta Vasco Rossi, "Ne ha rovinati più lui del petrolio".

Personalmente ho visto negli occhi di alcune persone che ho criticato del risentimento, la voglia di vendicarsi per averli esposti e aver danneggiato il loro orgoglio.

Ho imparato quindi a non criticare nessuno anche perché tutte le persone sono sempre pronte a puntare il dito contro gli altri ma poi non riescono mai a accettare le critiche che sono rivolte a loro.

Del resto, siamo sempre convinti di essere nel giusto, vero?

Senza contare che le critiche portano le persone sulla difensiva e saranno molto meno disposte a sentire quello che vuoi dirgli. Alla fine bisogna solo perdonare gli errori, pensare che noi abbiamo fatto molto peggio e non criticare.

Gesù l'aveva detto duemila anni fa: "Prima di criticare la pagliuzza nell'occhio dell'altro pensa alla trave che hai nel tuo occhio".

Parole eterne, che sintetizzano in modo spettacolare quello che voglio dire.

Il secondo consiglio è molto semplice: mettiti nei panni dell'altra persona e capisci il suo punto di vista.

Probabilmente si comporta in quel modo non per farti un dispetto, ma per qualche valida ragione. Se vuoi convincerlo a fare quello che vuoi dovrai capire come pensa e sfruttarlo a tuo vantaggio.

È una tattica fondamentale sia per perdonare le persone sia per capire come fargli fare quello che vogliamo.

Spesso infatti i contrasti e le difficoltà nascono solo da un modo di vedere la vita differente ma possono essere superati guardando le cose dallo stesso punto di vista.

Assicurati che la tua proposta porti dei vantaggi anche all'altra persona, altrimenti sarà tutto inutile.

Tieni a mente questi consigli quando provi a trattare con le persone, ma ricordati che è anche indispensabile farsi ben volere da loro per riuscire a entrare nella loro testa, sia nel bene che nel male.

2. Un metodo rivoluzionario per entrare nella mente delle persone: la PNL

Abbiamo visto come ha fatto Charles Manson a far fare il lavoro sporco agli altri e ti devo confessare che sono sempre rimasto affascinato dalla sua abilità nel persuadere le persone a fare quello che voleva lui.

Si, posso dire che Charlie giocava facile con dei ragazzini con il cervello in pappa dalle droghe ma quello che ha fatto è sicuramente impressionante.

Quello stronzo sapeva usare bene le parole, nulla da dire.

Diversi anni dopo i misfatti della famiglia Manson un gruppo di ricercatori americani iniziò a notare che i pazienti di alcuni colleghi miglioravano a vista d'occhio senza dover usare pillole, elettroshock, ipnosi o tutte le diavolerie che usano gli psichiatri con le persone per farle stare meglio.

Si domandarono come poteva essere possibile una cosa del genere e decisero di indagare e quello che scoprirono cambiò per sempre il settore della crescita personale e della comunicazione, aprendo delle praterie sconfinate nel settore della manipolazione.

Era l'inizio di una nuova era, un'era fatta di parole, visualizzazione, dello sfruttare finalmente al massimo il vero potere della mente per fare di tutto e di più.

Era giunta l'ora di dire basta alle persone che usavano medicine per curare ansia e paura, bastava solamente sfruttare il vero potenziale della mente per avere successo!

Perché nessuno ci aveva pensato prima?

Scherzi a parte, questi ricercatori americani (John Grinder, Frank Pucelik e Richard Bandler) si erano interessati al lavoro di due psicologi americani, Virginia Satir e Fritz Perls. I due psicologi avevano ottenuto in poco tempo risultati ragguardevoli e scoprire il loro segreto poteva essere di enorme aiuto alla ricerca.

Si doveva quindi capire come facessero questi due a ottenere così tanti successi anche con pazienti problematici e dove tutti gli altri avevano fallito.

Ci doveva pur essere un segreto!

Dopo un lungo periodo di studio il segreto apparve chiaro davanti ai ricercatori: era il potere delle parole, o meglio, il potere di certe parole che scatenavano nella mente del paziente un processo fondamentale per risolvere tutti i loro problemi in pochissimo tempo.

Si può dire che il paziente, spronato da quelle parole faceva tutto da solo, dentro di lui c'era già la risposta al suo problema ma non riusciva mai a trovarla.

O se la trovava era sbagliata.

Da un certo punto di vista era come assistere a un fantastico monologo motivazionale, tipo quello che fa Al Pacino in "Ogni maledetta domenica" (non l'hai mai visto? Guardalo subito online perché quel discorso è il padre di tutti gli speech motivazionali del mondo, li ha iniziati tutti lui!) ai suoi giocatori prima della partita.

Un discorso che trasforma quegli uomini in bulldozer, in macchine da guerra invincibili.

Era il potere del discorso e delle parole usate da Al Pacino per motivare i suoi giocatori.

I risultati delle ricerche dei nostri tre amici notarono delle grosse analogie.

Gli psichiatri usavano delle parole speciali che permettevano alla persona di avviare dei processi mentali naturali e usare una serie di queste parole permetteva di raggiungere dei risultati ritenuti prima impensabili in pochissimo tempo.

Quelle parole, o meglio, quegli atteggiamenti usati dai due psicologi, erano in grado di funzionare su chiunque senza problemi

Era una grandissima scoperta e costituì il primo nucleo di quella che poi sarebbe diventata la PNL, ovvero la Programmazione Neuro Linguistica!

Cosa è la PNL? Beh, per dirla in poche parole è tutto l'insieme di una serie di tecniche di comunicazione e psicologiche che hanno come scopo quello di migliorare la tua comunicazione, essere più incisivo e risolvere dei problemi che stanno seriamente mettendo a rischio la qualità della tua vita.

Si tratta di una tecnica di comunicazione incredibilmente potente se usata nel modo corretto e Charles Manson potrebbe averla usata anche senza saperlo.

Questo spiegherebbe tutti i risultati che ha ottenuto con i suoi discepoli.

La PNL si è diffusa molto nel corso degli anni anche grazie a diversi testimonial carismatici come Anthony Robbins, uno dei divulgatori moderni della PNL più conosciuti al grande pubblico o anche per le numerose pubblicazioni di Richard Bandler che si possono trovare tranquillamente anche in italiano a prezzi interessanti.

I campi di applicazione di questo metodo sono tantissimi e basta poco per rendere la PNL efficace in ogni settore della propria vita, dal lavoro fino alle relazioni con il partner o con gli amici.

Con la pratica applicare la PNL sarà facile e ti verrà spontaneo così come è stato per me.

Devo ammettere che inizialmente mi sono avvicinato alla PNL con uno spirito troppo scettico.

Un amico mi aveva parlato di questo metodo di comunicazione e persuasione personale e io credevo, sbagliando, di essere di fronte all'ennesima moda passeggera new age con il classico guru del cambiamento che grida dal palco facendoti dire ad alta voce che sei un vincente, ti dà una pacca sulla spalla e poi ti dice di andare a spaccare il mondo.

Solo che poi esci dalla sala conferenze e sei lo stesso sfigato di prima e lui è più ricco.

Però mi sono sempre ripromesso di tenere la mente aperta, ma non così aperta da far cadere fuori il cervello (come diceva spesso Carl Sagan) e di analizzare la PNL senza nessun tipo di preconcetto, e quello che ho visto mi è piaciuto molto.

Ho visto un metodo semplice e molto efficace per migliorare la comunicazione e entrare in sintonia più facilmente con le persone, creato con un linguaggio semplice e alla portata di tutti.

E mi è piaciuto molto, tanto da spingermi a studiare ancora di più la PNL e approfondire le mie conoscenze dato che sentivo la sensazione che poteva essermi molto utile nelle mie attività quotidiane.

Applicazioni della PNL

La PNL si può applicare a tantissimi ambiti della tua vita e sempre con risultati eccellenti.

Questa è la sua grande forza e il fattore che le ha permesso di diventare molto più popolare di tanti altri metodi di miglioramento personale e di persuasione.

La PNL si applica con grande successo in tanti settori, come per esempio:

-   Crescita personale

- Vendita
- Manipolazione mentale
- Persuasione
- In ogni tipo di relazione umana

E in tutti questi settori le persone che l'hanno applicata non hanno potuto non ammettere che ha funzionato alla grande e che ha portato enormi cambiamenti in positivo alla loro vita sia affettiva che professionale.
Si, posso già anticipare una delle tue obiezioni: ma sono tecniche che usano tutti, come è possibile che tutti abbiano successo?
Beh, ti svelo un segreto: pensa a Facebook.
Tutti li conoscono, quasi tutti lo usano e ormai ho perso il coto delle persone che (purtroppo) lo usano per diffondere baggianate o come valvola di sfogo per rifarsi di una vita che non gli riesce a dare nessuna soddisfazione.
Pensi che Facebook sia un'idea originale?
Se pensi di si allora sei in errore.
Facebook non è altro che una variante di altri siti simili che erano già disponibili, come MySpace. Il fondatore si è limitato a prendere un modello che funzionava, individuare dei punti deboli, correggerli e proporre una versione riveduta e corretta del prodotto con una nuova confezione e questo modello di business ha funzionato alla grande per Facebook dato che ormai hanno perso il conto dei soldi che guadagnano ogni giorno con il loro sito.
Il succo del discorso è che Mark Zuckerberg non ha davvero inventato nulla di nuovo ma si è limitato a migliorare qualcosa che esisteva già.
Si, non è sbagliato dire che per avere successo nella vita bisogna portare qualcosa di unico, ma la storia di Facebook insegna anche che si può anche avere un grande successo semplicemente migliorando quello che esiste già.

È così semplice, prendi qualcosa e pensi a come migliorarlo, provi a farlo e se ha successo hai vinto.

Semplice, no?

Si può dire che la PNL segua questo principio e forse è questo il segreto del suo successo.

Prende una cosa che esiste già (il tuo atteggiamento mentale) e poi lo migliora e ti restituisce una versione di te riveduta e corretta, e dannatamente efficace.

Non ha inventato nulla di nuovo, non hai dovuto cambiare look, abitudini o stile di vita, ma solamente migliorare quello che già c'era.

Non è vero che non sei determinato, per esempio, è solo che non sai come trovare la motivazione che è dentro di te.

La tua motivazione è difettosa ma esiste, devi capire cosa non la fa funzionare e poi correggerlo.

Può sembrare difficile in principio ma posso garantirti che in realtà non è poi così complicato dato che la PNL si poggia su pochi principi pratici molti efficaci che tra poco andrò a spiegarti (ci sarebbe da dire molto altro su questo metodo ma il tempo è tiranno e questo libro cerca di parlare di tanti argomenti) e che ti permetteranno di migliorare quello che già esiste, risparmiando tempo e fatica.

Si, puoi anche operare un profondo rinnovamento interiore cambiando totalmente vita, modo di pensare, look e anche amicizie ma questo non è un lavoro per la PNL.

Lei ti può solamente aiutare a migliorare gli aspetti della tua vita ma se devi rifondare tutto da capo allora dovrai affidarti ad altri sistemi.

Ma perché dovresti farlo? Immagina di essere una casa che necessita di qualche intervento di ristrutturazione.

Credi che sia più conveniente buttare giù tutta la casa e ricostruirla dalle fondamenta (con un grandissimo investimento di tempo e di denaro) o è forse meglio ristrutturarla e migliorare le cose che non funzionano?

Dato che ci sono passato posso dirti che ristrutturare è molto meglio a meno di non vivere in una catapecchia pericolante che non riceve una qualche sorta di intervento di manutenzione dai tempi di Pertini.

In quel caso sarei il primo a spingere per una demolizione totale e premerei con gioia il pulsante del detonatore.

Ma sono sicuro che la tua mente non è in queste condizioni, hai già tutto quello che ti serve per avere successo, devi solamente capire cosa stai sbagliando e come correggerlo e spesso si tratta solo di alcuni piccoli errori che possono essere insignificanti se presi singolarmente ma che portano a conseguenze impensabili se agiscono tutti assieme.

Una singola piccola crepa non farà mai cadere un muro ma tantissime piccole crepe lo fanno diventare pericolante e la situazione cambia, e in peggio.

Però devo darti una brutta notizia: la PNL non è una bacchetta magica che puoi usare per avere risultati immediati, nossignore, la PNL è una disciplina che richiede applicazione costante e del tempo per produrre dei risultati concreti.

Dovrai allenarti tutti i giorni con la tua tecnica PNL, osservare le tue reazioni e quelle dei tuoi interlocutori e capire cosa è efficace e cosa no.

Sarà necessario del tempo per tutto questo, come in tutte le cose produttive della vita.

Non pensare nel breve periodo, pensa nel lungo periodo, guarda alla "Big Picture" come dicono degli USA e solo così riuscirai a capire bene che l'efficacia della PNL si può verificare davvero solo nel lungo periodo e non nel breve.

Per migliorare come persona e riuscire ad avere una comunicazione efficace e davvero in grado di manipolare le persone e di conoscere i loro segreti è necessario un mucchio di tempo, è quasi una partita a scacchi dove dovrai considerare attentamente ogni singola mossa per sconfiggere il tuo avversario e nulla deve essere lasciato al caso.

Charles Manson ha impiegato anni per assemblare la sua Family e perfezionare le sue tecniche di manipolazione, non si è certo svegliato una mattina improvvisandosi guru, è stato un percorso che ha richiesto molto tempo per dare i suoi frutti, in questo caso marci e di cui ne avremmo fatto davvero a meno.

Quindi se sei alla ricerca di un metodo rapidissimo per scoprire i segreti di una persona devi usare la forza per farteli raccontare o pagare qualcuno vicino alla tua vittima per venirne a conoscenza altrimenti non riuscirai a ottenere quello che cerchi in modo rapito.

E questi due metodi non sono proprio il massimo della legalità, diciamolo.

Scherzi a parte, per ottenere informazioni, fiducia e per capire cosa fare per gestire quello che si è ottenuto nel modo migliore è necessario molto tempo e quindi, anche in questo caso, devi aspettare.

Se vuoi risultati immediati allora la crescita personale non fa per te e dovresti dare retta solo ai capipopolo e agli agitatori di professione che predicano soluzioni semplici a problemi complessi, solitamente senza avere un quadro chiaro della questione o agendo da tuttologi online (Internet in questo senso è assolutamente devastante dando libertà di parola e autorevolezza a "legioni di imbecilli" come le definiva Umberto Eco e che si credono in diritto di poter sindacare di qualsiasi cosa, dal modulo della Juventus fino a delicatissime questioni di politica internazionale e trovando anche persone che gli danno corda).

Mi dispiace se ti ho deluso, veramente, e ti faccio le mie scuse più sincere, ma preferisco essere brutalmente onesto sin da subito per evitare di deluderti tra qualche tempo e dirti immediatamente la brutta verità: non puoi schioccare le dita e diventare un esperto di PNL, ne ora ne mai.

Dovrai leggere le tecniche che spiegherò nei prossimi capitoli e poi metterle in pratica sempre, con pazienza e impegno e i risultati arriveranno se ci metterai impegno e passione.

Quindi se cercavi altro spero che perlomeno la storia di Charlie e Dennis sia stata interessante.

Adesso puoi appoggiare il libro sullo scaffare e passare oltre, sappi che per me è stato bello.

Oppure puoi riconoscere che per costruire qualcosa di bello serve del tempo e proseguire con la lettura.

Prendi pure la tua decisione.

Come ti sei sentito quando ti ho detto questa cosa? Ti sei sentito triste, nervoso, oppure sei ancora tranquillo e anzi, la mia sincerità ti ha dato la voglia di andare avanti?

Perché questo stato d'animo che hai è il tuo atteggiamento mentale, quello su cui interviene la PNL e che alla fine delle fiera ti permette di avere successo in tutto quello che fai.

Ci sono persone che hanno un pessimo atteggiamento mentale e che sono vittime di emozioni negative come la paura o la rabbia e che non riescono mai a portare a casa nulla e provano a farlo con soluzioni semplici a problemi complessi, con i risultati che già conosci.

Ma ci sono anche persone che sono positive e capiscono che l'intervento di ristrutturazione può durare anche dei mesi ma sa anche che è assolutamente necessario per fare in modo che la casa non gli crolli in testa mentre dorme.

Ha fiducia nei suoi mezzi e sa che i suoi difetti possono essere corretti facilmente una volta trovati se si ha l'umiltà di riconoscerli e la sincera voglia di mettersi in gioco per migliorarli.

Forse è questa la forza nascosta della PNL: metterci in condizione di riconoscere i nostri limiti e le debolezze, e poi darci tutti i mezzi migliori per superare questi limiti.

Continua a leggere le tecniche PNL che ti spiegherò, sono più che sicuro che le troverai estremamente interessanti.

3. Sfruttare la gentilezza: La storia di Ted

14 Luglio 1974, Lago Sammamish, stato di Washington, Usa.

Siamo in una località turistica molto rinomata nella zona e questa domenica è caldo, il meteo è splendido e il parco è pieno di persone che prendono il sole.

Decine di bei ragazzi e tantissime ragazze che sfoggiano bikini nuovi di zecca.

Non è raro che qualcuno provi ad abbordare una di queste ragazze per fare conoscenza e quando la nostra anonima protagonista si trova davanti a un bel ragazzo con un completo da tennis bianco non ci fa troppo caso, è il prezzo da pagare per essere sola e sfoggiare un bikini all'ultima moda.

Il ragazzo è molto carino, lo deve ammettere, e porta un gesso al braccio destro.

La ragazza ricambia il suo saluto e iniziano a parlare.

Il tizio dice di chiamarsi Ted e di essersi rotto il braccio di recente e d'estate è una bella seccatura.

Sa parlare, ha fascino, la ragazza pensa che quasi quasi vale la pena approfondire la conoscenza.

Ted sembra a posto, molto educato, il tipo che sua madre adorerebbe avere a cena.

Ted chiede un favore alla ragazza.

Deve scaricare una barchetta dalla sua auto e con il braccio fuori uso è difficile.

I genitori lo hanno aiutato a caricarla ma sono anziani e non può chiedere loro anche di scaricarla.

La barca è piccola e leggera, basta solo un leggero aiuto, poi se la caverà da solo.

Quando Ted sorride è irresistibile, è gentile, non come i buzzurri che ci provano con lei con l'alito che sa di birra, e la ragazza accetta di seguirlo.
Arrivano al parcheggio del parco e Ted indica la sua auto, un Maggiolino.
Ma non c'è nessuna barca.
La ragazza inizia a percepire strane vibrazioni, ha il sesto senso in tilt e chiede spiegazioni.
Ted si scusa con un bel sorriso e dice che si era dimenticato di dirle che alla fine i genitori avevano caricato male la barchetta e ha preferito lasciarla a casa, è proprio a due passi, ci andranno in auto, sempre che lei voglia.
E la ragazza non vuole.
Non le piace che la situazione sia cambiata anche se Ted è gentile e ha un sorriso che trasmette sicurezza.
La ragazza dice a Ted che non se la sente e lui si avvicina a lei con una luce diversa nello sguardo, quella di un predatore.
La ragazza è pronta a giurare che gli tremano le mani per la rabbia.
Poi sorride di nuovo, e dice che non c'è problema, ha sbagliato lui a spiegarsi male e si allontana.
La ragazza non lo sa, ma se è diventata sposa, madre e nonna, se il giorno dopo ha potuto far colazione è solo grazie a quel rifiuto.
Perché quel giorno nel parco due ragazze scompaiono e vengono ritrovate solo mesi dopo, morte e mangiate dagli animali selvatici.
Altre ragazze vanno dalla polizia e dicono che questo "Ted" le ha avvicinate con la stessa storia.
La polizia indaga ma Ted sembra essere sparito nel nulla.

Ci sono degli identikit e mille segnalazioni, ma non ci sono i mezzi moderni per poter gestire tutte le piste e le indagini si rallentano.

8 Novembre 1974, Salt Lake City,Utah.

Carol DaRonch è una giovane studentessa di 18 anni, molto carina e si trova nella libreria di un centro commerciale.

Non vuole comprare nulla di particolare, ma solo passare il tempo prima di tornare a casa e sfoglia qualche libro.

Improvvisamente un ragazzo la tocca e la chiama "Signorina". Carol si gira e vede un bel ragazzo con un paio di baffi e che è vestito in modo impeccabile.

Il ragazzo si qualifica come "Agente Roseland", poliziotto in incognito.

Il poliziotto dice che ci sono stati dei tentati furti nelle auto nel parcheggio e chiede a Carol di descrivere la sua auto.

La ragazza è spaventata e descrive l'auto dei genitori e Roseland scuote la testa.

Si, è proprio una delle auto manomesse.

Carol va nel panico e Roseland la consola.

È affidabile, gentile, è davvero interessato a aiutarla, è veramente un poliziotto d'oro e Carol si fida di lui.

Roseland ha conquistato la sua fiducia.

Il poliziotto dice che il ladro è stato preso prima che fosse troppo tardi ma Carol deve andare con lui per vedere se manca qualcosa e per firmare delle scartoffie.

Non ci vorrà molto, promette Roseland, e sarà a casa per l'ora di cena con una storia da raccontare.

Carol si fida e sorride a quel bel ragazzo così disponibile. Menomale che c'è gente come lui a proteggerci, pensa.

Arrivano nel parcheggio e Carol nota che la sua auto è intatta. I casi sono due: hanno pizzicato subito il ladro prima che facesse qualche danno oppure Roseland si è sbagliato.

Carol si sente in imbarazzo a dire al poliziotto che l'auto è intatta e lui è sorpreso.

Possibile che il collega si sia sbagliato?

Roseland insiste molto nel chiedere a Carol di controllare meglio, anche sotto all'auto e sembra stranamente interessato a far chinare la ragazza, ma Carol non lo fa.

La gentilezza di Roseland adesso le sembra sospetta e Carol chiede di vedere il suo distintivo.

Il poliziotto la osserva con una faccia delusa e con un sorrido di sufficienza, come a dire "Non ti fidi? Io rischio la vita ogni giorno per te", e poi mostra velocemente un distintivo.

Carol si scusa e si sente in colpa per aver dubitato, ma l'auto è intatta, quindi chiede se può andare via.

Roseland dice che gli dispiace, ma non è possibile, deve identificare il ladro e fare delle firme e deve farlo in centrale. Non ci vorrà molto, dice di nuovo.

Carol si fida di lui e non pensa a come può identificare un ladro che non conosce, ma quando vede il Maggiolino parcheggiato poco lontano inizia a dubitare di quella storia.

Perché la polizia va in giro con un Maggiolino?

Roseland le dice che è l'auto per il pattugliamento in abiti civili e di salire, prima partiranno e prima sarà tutto finito.

Carol sale e Roseland parte a tavoletta.

E qui Carol capisce di essersi fidata troppo.

Roseland ha il fiato che puzza di alcool e i poliziotti non bevono in servizio.

Dalla portiera del passeggero manca la maniglia, non si può uscire.

Roseland sta andando dall'altra parte della città, in direzione contraria alla stazione di polizia.

E poi tira fuori pistola e manette.

Carol è terrorizzata e cerca di lottare mentre il poliziotto la ammanetta.

La lotta è disperata e Carol riesce in qualche modo a uscire dallo sportello del passeggero.

Roseland non è riuscito ad ammanettarla completamente (ha la manetta che penzola dal polso) e grazie a questo è riuscita a aprire la porta.

Il poliziotto la insegue con un piede di porco in mano ma Carol ricorre al buon vecchio calcio nei coglioni per fermarlo e scappa in strada dove ferma un auto guidata da due anziani e si fa portare alla polizia.

Inutile dire che non esiste nessun agente Roseland.

Poche ore dopo scompare una ragazza nel cortile di una scuola e dei testimoni sostengono di aver visto un tizio con dei baffi che parlava con tante ragazze, sostenendo di essere un poliziotto.

Nel parcheggio viene trovata la chiave di una manetta che apre quelle che sono appese al polso di Carol.

Non ci sono dubbi, è stato lo stesso uomo.

Carol non lo sa ma è fortunata, ha incontrato il serial killer Ted Bundy e può raccontarlo.

Bundy viene catturato il 16 Agosto del 1975 per puro caso e Carol lo riconosce.

La carriera criminale di Ted Bundy subisce un durissimo colpo d'arresto ma lui da quel momento diventa un'icona pop americana, forse quello che ha sempre voluto essere.

Si scava nella sua vita e ne emerge un quadro familiare inquietante.

La madre di Ted era una ragazza madre sedotta e abbandonata e i nonni materni, temendo uno scandalo, hanno inscenato una messa in scena incredibile: loro erano i genitori di Ted e la vera madre era in realtà la sorella.

Hanno avuto quel bambino in tarda età, può succedere.

Ted crede per decenni a questa storia e nel mentre si fidanza con una bella ragazza di buona famiglia.

La love story non funziona e lei lo lascia e nello stesso tempo Bundy scopre la verità sulle sue origini.

Scatta qualcosa nella sua testa e vuole vendetta.

Cambia vita, studia legge, psicologia e si impegna attivamente in politica tanto che molti lo immaginano futuro candidato governatore.

Rintraccia la sua ex e la riconquista, ma solo per avere lui la soddisfazione di lasciarla (scappa via da un ristorante lasciandola li dopo averle chiesto di sposarla) e uccide ragazze giovani, carine e con i capelli neri con la riga nel mezzo.

Tutte assomigliano molto alla sua ex fidanzata.

Nel mentre si fidanza di nuovo e la compagna non sospetta nulla.

È uno studente modello, destinato a una brillante carriera in qualsiasi settore lui scelga e il cielo è il limite per lui.

Bundy è un serial killer molto famoso e che è molto diverso dal classico luogo comune su queste persone.

È bello, affascinante, carismatico e un gran manipolatore.

Le persone si fidavano di lui e gli volevano bene.

Certo, era egocentrico, ma era bello e intelligente, era naturale montarsi la testa.

Bundy uccide tantissime donne in tutti gli USA conquistando la loro fiducia fingendo di avere un braccio rotto.

Le faceva salire in auto e poi le tramortiva per dare il via al suo rito di morte.

Solo in fondo alla sua carriera criminale perde il controllo e si limita a entrare nelle case e a far fuori tutti in stile Famiglia Manson.

Nei vari processi che subisce Ted Bundy si difende da solo e mette su un circo mediatico.

Le doti di manipolatore di Bundy sono così sviluppate che ha delle ammiratrici che lo difendono a spada tratta e le persone che lo conoscono rifiutano di considerarlo un serial killer, era così affidabile, "salutava sempre"!

Alla fine Bundy viene condannato a morte e le sue manipolazioni fanno ritardare di 9 anni la condanna a morte, che viene eseguita nel 1989.

Il giorno prima di morire Ted si gioca il jolly: confessione totale lasciando intendere che ci sono tante altre vittime in giro, e se volete che io vuoti totalmente il sacco dovete lasciarmi vivere.

Non funziona e muore.

La manipolazione di Bundy è diversa da quella di Manson. Charlie spingeva le persone a fare quello che lui voleva, come entrare nelle case delle persone per ucciderle, mentre Ted Bundy voleva essere amato da tutti e conquistava la fiducia delle sue vittime con la manipolazione.

Era in grado di guadagnarsi la fiducia di ragazze istruite che lo seguivano senza problemi in auto e le sue varie fidanzate lo hanno sempre difeso a spada tratta, arrendendosi solo di fronte alle evidenze (e a volte nemmeno davanti a quelle).

Un team di investigatori racconta che chiesero aiuto a Bundy per catturare un serial killer, il "Green River Killer" (identificato nel 2001 grazie al DNA) e Ted snobbava quel killer dicendo "non ci vuole nulla a uccidere delle prostitute, basta pagarle.

Io sono migliore, io mi conquistavo la fiducia di studentesse giovani e belle, ci vuole impegno per farlo, non tutti ne sono capaci.

Questo tizio non è al mio livello e ricordatevelo sempre quando parlate con me!".

Avete i brividi, vero?

Piacere a tutti e essere benvoluti è fantastico, sono il primo a dirlo, ma non è semplice.

Ma non preoccuparti, ho qui tutti i trucchi migliori per essere assolutamente benvoluto dalla gente e conquistare tutti.

Solo, non usare queste strategie per scopi malvagi, ma per migliorare la tua vita.

Scoprirai che essere benvoluto è semplice, se sai come fare.

4. Persuadere la gente

A questo punto, se hai applicato correttamente i consigli che hai letto, dovresti essere abbastanza benvoluto dalle persone e in grado di operare con successo il tuo lavoro di manipolazione. L'obiettivo è quello di diventare il buddy friend del tuo interlocutore, quello di cui si può fidare e che dice cose giuste.

In questa condizione potrai applicare diverse tecniche di persuasione per raggiungere tutti i tuoi obiettivi.

Adesso troverai alcuni principi che puoi usare per convincere le persone a volere quello che vuoi tu senza minacciarle con una mazza da baseball ricoperta di filo spinato e poi altre tattiche infallibili che ti permetteranno, sempre assieme alla manipolazione, di persuadere la gente e convincerla a dire di "SI" anche quando vorrebbero dire "NO", e senza nemmeno corromperla o sequestrando le loro famiglie!

Ecco dei principi che puoi usare:

- Principio di autorevolezza: Dimostra di avere delle competenze e una certa autorità nel tuo settore e in questo modo potrai provare a convincere il tuo interlocutore che sai di cosa stai parlando. In questo modo sarà più facile riuscire a convincerlo a fare quello che vuoi. "Lo ha detto lui, è un esperto e sa di cosa parla" è un modo dannatamente efficace per riuscire a convincere qualcuno a fare quello che vuoi tu. Ovviamente devi essere davvero un esperto in quella materia o dare almeno l'impressione di esserlo. Cerca di non fare figuracce e nel caso limitati solo a parlare di quello che conosci davvero bene e lascia perdere tutto il resto o farai la figura del peracottaro.

- Principio di gratuità: Dai qualcosa agli altri in modo spassionato e completamente disinteressato. Può essere un regalo a un amico (che vuoi persuadere, ovviamente), a una donna, oppure anche solo offrire un aperitivo o un gelato. Dimostrerai che non sei interessato a quelle cose materiali chiamate "soldi" e che ti interessa solo fare del bene a quella persona. Questo atteggiamento disinteressato ti renderà il benvenuto (attento però a non esagerare perché potresti essere considerato solo come il "fesso che paga sempre lui, meglio portarselo sempre dietro così si risparmia", devi sapere quando offrire qualcosa e quando non farlo) per la persona che vuoi persuadere e creerà una sensazione di "inferiorità" verso di te. La persona a cui offri sempre le cose si sentirà in dovere di ripagare il favore in qualche modo e sicuramente sarà molto più facile da manipolare. È anche il principio alla base dei classici "favori" politici che vengono fatti prima in modo disinteressato e poi fatti pesare al momento delle elezioni.

- Principio di scarsità o fretta: Devi dire alla persona che vuoi persuadere a fare una cosa (per esempio immagina di volerla convincere a prenotare una vacanza) che quella cosa è possibile farla ma solo per un tempo estremamente limitato e che si deve sbrigare a decidersi, ogni minuto è preziosissimo e l'offerta sta per terminare! Se ci fai caso le persone tendono a diventare molto più produttive quando hanno una scadenza super ravvicinata (o possono perdersi in un bicchier d'acqua) e cercano di fare ogni cosa per rispettare la scadenza e portare a casa il risultato. Non hanno molto tempo per pensare e se gli proponi una soluzione loro la accetteranno senza stare a vagliare troppo i pro e i contro della scelta. In questo caso devi mettere fretta alla tua "vittima" per spingerla a accettare quello che vuoi proporle senza dargli il tempo di pensare. Mettigli fretta, come se il destino del mondo intero dipendesse dalla sua scelta e stai tranquillo che se riuscirai a trasmettere questa sensazione di urgenza la riuscirai a persuadere senza problemi. Adesso hai capito perché in tanti siti web e negozi è presente l'offerta "a tempo", si tratta di un modo per mettere fretta al cliente che penserà di avere pochissimo tempo per comprare quell'oggetto e sarà più disposto a comprarlo subito senza pensare al fatto che alla fine non gli serve poi così tanto e che da altre parti può trovare delle alternative più economiche e altrettanto efficaci.

- Principio di associazione: Devi fare in modo che la tua presenza sia associata a qualcosa di positivo come un ricordo o la consapevolezza che con te i problemi non esistono e che tutti sono in buone mani. Creare questa associazione è molto utile (anzi, è fondamentale) per riuscire a essere benvoluto dalle persone e riuscire a manipolarle con molta più facilità. Tutti vogliono stare con una persona a cui associano qualcosa di positivo e anche io sono tra questi. Cerco di circondarmi di persone che mi danno sensazioni positive (i miei amici, la mia fidanzata, la famiglia) e che mi permettano di attirare anche la legge dell'attrazione con dell'energia positiva (in sintesi, circondarsi di persone positive e di pensieri positivi porta l'universo a incanalare eventi positivi nella tua vita. Se sei depresso per qualsiasi cosa ti capiteranno solo cose che peggioreranno il tuo stato d'animo. In pratica "attiri" le energie dell'universo in base a quello che pensi e alle persone di cui ti circondi) e cerco di evitare le persone negative o con cui ho associato brutti ricordi. Possono essere persone con cui non sono mai riuscito a legare davvero, clienti con cui ho avuto delle pessime esperienze o semplicemente persone che mi trasmettono pessime sensazioni. Non voglio dire di essere superstizioso, ma sono persone che non mi piacciono e che mi fanno venire in mente delle sensazioni negative che non voglio provare. Dato che sia io che te siamo liberi di scegliere chi frequentare nel nostro tempo libero è nostro diritto scegliere di frequentare solo chi ci fa stare bene.

- Principio di riprova sociale: Per dirlo in poche parole: se una cosa diventa virale e la fanno tutti allora sarà più facile convincere anche chi vuoi persuadere a farla. È un principio che si basa sull'effetto emulazione e sulla voglia delle persone di conformarsi ai comportamenti della maggioranza. Se tutti fanno qualcosa allora deve essere davvero divertente, vero? (ragionamento tipico di chi guarda i cinepanettoni, per esempio) Fai leva su questo principio per cercare di influenzare le persone a fare qualcosa di cui non sono davvero convinti, insistendo molto sul fatto che lo stanno facendo tutti e quindi ci deve pur essere un motivo valido per farlo.

- Principio di sorpresa: Tieni la persona che vuoi persuadere sulle spine riguardo a qualcosa. Non dirle tutto quello che vuoi fare e crea una certa dose di hype attorno al tuo progetto. In questo modo sarà facile far nascere in lui la voglia di saperne di più e di lasciarsi persuadere. Ma stai attento, l'hype è una brutta bestia, difficilissima da creare e molto facile da perdere. Basta pochissimo per far passare il momento giusto per tirare fuori la sorpresa e capitalizzare al massimo l'effetto sorpresa e non sempre è facile capire quando farlo. Posso consigliarti di usare questo principio poco e in modo saggio, cercando di non strafare e dedicando molta attenzione a capire quando è arrivato il momento giusto per rivelare la sorpresa. Correrai il rischio di deludere la persona che vuoi persuadere se prolungherai troppo l'hype (viviamo nella società del tutto e subito, ricordati che le persone non amano molto aspettare qualcosa, vogliono che tutto sia pronto subito. È un fenomeno che si vede chiaramente nelle serie Tv, che ormai vengono caricate tutte subito su Netflix e ci sono tizi che se le sparano in una notte. Nessuno ha più voglia di aspettare nulla). Leopardi diceva che è meglio l'attesa della festa che la festa stessa e io sposo le parole del nostro famosissimo poeta.

- Il principio di contrasto: Si tratta di un principio di vendita che viene sfruttato in modo egregio quando si vuole persuadere le persone a comprare più di quello che in realtà vorrebbero. Per usare questo principio devi mostrare alla persona che vuoi persuadere una serie di situazioni o prodotti che vuoi vendere e devi partire da quello più costoso. Si, hai capito bene, per prima cosa devi mostrare quello che costa di più. In questo modo il cliente vedrà per primo il prezzo più costoso e si abituerà all'idea. Dopo aver mostrato la cosa più costosa devi passare agli altri oggetti e mostrarli al cliente. Il principio di contrasto farà in modo che il cliente non reputerà poi così costoso quell'oggetto dato che ha già speso parecchi soldi per il primo prodotto. Per fare un esempio, pensa all'automobile e al comportamento di un concessionario. Prima piazzano l'auto e poi chiedono se vuoi degli optional di ogni tipo, dal sedile riscaldato al bracciolo portaoggetti e così via. Sono tutte cose che ti chiederanno di acquistare solo dopo averti mostrato l'auto e sicuramente il tuo pensiero sarà rivolto alle migliaia di euro che spenderai per il tuo bolide nuovo e non certo per quel centinaio di euro di più per l'autoradio. Ho visto in azione questo principio quando ho ristrutturato casa. La venditrice dei mobili ci ha mostrato prima di tutto il salotto e la cucina, le due composizioni più costose e che abbiamo scelto. Solo successivamente ci ha mostrato degli accessori carini ma di cui si poteva anche fare a meno, come una mensola extra, un ripiano per appoggiare le spezie, una piantana per illuminare la stanza di notte senza dover accendere la luce della stanza, una panchina dove sedersi per mettersi le scarpe e così via. Erano tutti accessori extra e devo ammettere che la venditrice sapeva davvero il fatto suo e dopo aver speso un mucchio di soldi per cucina e salotto quel centinaio di euro per un porta boccette di spezie in acciaio inox non sembravano poi così tanti. Non fare l'errore di mostrare prima le cose economiche e poi quella più costosa perché otterrai solo l'effetto contrario e anzi, la cosa costosa lo sembrerà di più.

Nella persuasione serve molto tempo per portare a casa il risultato quindi non devi mai avere fretta di convincere il tuo interlocutore. L'unica eccezione è il principio di scarsità ma per poterlo usare dovrai prima di tutto essere entrato in una certa confidenza con la tua "vittima" e questo richiede tempo.
Manipolare una persona è come costruire una casa. Si deve partire dalle fondamenta e poi realizzare ogni singolo piano, non partire dal comignolo del tetto e poi scendere. Ogni passaggio deve essere studiato nei minimi dettagli e non dovrai mai lasciare spazio all'improvvisazione ma avere sempre delle tracce da seguire e delle soluzioni già pronte per far fronte a tutti gli eventuali imprevisti che accadranno.

Ripeto, inizia a manipolare e iniziare la tua opera di persuasione molto prima di svelare le tue carte in modo da aver preparato bene il terreno per portare a casa il tuo obiettivo. Non lasciare mai che la fretta guidi le tue azioni o farai un clamoroso errore di valutazione che potrebbe davvero costarti molto caro.

Siamo quasi arrivati in fondo al nostro piccolo viaggio, ma prima di lasciarci voglio darti ancora altre quattro idee su come mettere in atto una perfetta strategia di persuasione altamente efficace.

#1 Chiedi perché no

Se provi a persuadere qualcuno a fare qualcosa e ricevi una risposta negativa prova a fare una semplice domanda in grado di mettere in crisi chiunque, dal presidente degli USA fino al tuo migliore amico. Una domanda così semplice che anche i bambini la sanno fare ma che solo in pochi hanno capito come usare al massimo del suo potenziale.

La domanda è "Perché".

Si, tutto qui, una domanda semplicissima ma dannatamente efficace. Chiedi i motivi dietro a un particolare comportamento, le ragioni per cui si è data una risposta negativa. In questo modo riuscirai a mettere in crisi chi ti ha risposto in maniera negativa perché dovrà fornire delle spiegazioni a quella risposta (e tu potrai controbattere nel merito) e piano piano, se riuscirai a rispondere in modo azzeccato, vedrai che le sue convinzioni inizieranno pian piano a sgretolarsi sempre di più fino a quando non difenderà la sua scelta solo per orgoglio, per principio o per dissonanza cognitiva.

A quel punto sarà facile fare presente che non ci sono davvero dei validi motivi per dire di no e quindi tanto vale dire di si e provare a darti retta, vero?

#2 Sparare alto

È una tattica che molte persone fanno durante delle contrattazioni di affari e che ho visto eseguire personalmente. Il venditore era impegnato in una delicatissima trattativa con un cliente importante e era determinato a portare a casa l'ordine con il prezzo imposto dalla ditta e non con quello di sconto che chiedeva il cliente e le trattative correvano il rischio di bloccarsi da un momento all'altro. Era necessaria diplomazia e tanta persuasione e il venditore mise in atto questa strategia alla perfezione.

Per prima cosa sparò un preventivo altissimo, molto più alto del nostro prezzo di vendita e io mi domandavo a che gioco stesse giocando. Era forse una strategia per perdere l'ordine e comunque dare l'idea di averci provato fino in fondo?

No, era una tattica di persuasione ben precisa. Il cliente ha rifiutato il preventivo, chiedendo uno sconto e il collega gli ha fatto uno sconto indicando il prezzo di vendita dell'azienda. E il cliente ha accettato con entusiasmo convinto di aver fatto un grande affare mentre in realtà si era lasciato manipolare da questa strategia. Era convinto di aver ottenuto uno sconto esclusivo solo per lui per via del prezzo elevato iniziale e ha accettato il preventivo.

Si, posso dire che non è la strategia più corretta dal punto di vista etico, ma come si dice, il fine giustifica i mezzi e questa lezione di sparare alto a salve perché si vuole sparare in basso è stata davvero istruttiva per me. Ricordatela bene, quando vuoi ottenere qualcosa punta a una cosa più alta di quella a cui ambisci in modo che il tuo vero obiettivo non sia visibile immediatamente e avere quindi la possibilità di manipolare le persone a tuo piacimento ogni volta che lo vorrai.

#3 Il piede nella porta

Questa tattica è l'esatto opposto di quella di prima e si basa sul fare un'offerta così bassa e innocua che è praticamente impossibile dire di no e rifiutarla. È una tattica usata da molti venditori per riuscire a entrare in ditte grosse (da qui l'espressione gergale "mettere un piede nella porta") che sperano che accettare delle richieste piccole possa portare le persone a essere più disposte ad accettare anche delle proposte più grosse.

Puoi usare questa tattica per iniziare a sondare il terreno se devi manipolare una persona particolarmente importante o vuoi procedere con i piedi di piombo. Cerca però di non fare delle richieste troppo modeste o correrai il rischio di non essere mai preso sul serio dalla persona che vuoi manipolare.

#4 Motivazione

Una tattica semplice: dai una motivazione efficace al tizio che vuoi persuadere a fare qualcosa, un motivo per cui lui si dovrebbe davvero sbattere per te e aiutarti a raggiungere il tuo fine. È la sintesi di tutto quello che ho detto fino a questo punto, è il modo più efficace per portare le persone a desiderare quello che vuoi te senza la minaccia di liberare i segugi assetati di sangue alle loro calcagna, è la risposta alla domanda fondamentale sulla vita, sull'universo e tutto quanto e questa domanda è "Si, ma io che ci guadagno?"
Rispondi a questa domanda in modo convincente e avrai trovato la chiave per persuadere praticamente chiunque.

5. Tecniche di PNL per conquistare le persone

Hai appena fatto una full immersion nei modi migliori per persuadere la gente ma non potevo non parlarti della PNL e del suo grandissimo potere di persuasione, dopotutto è nata per questo!

Da dove posso cominciare?

Ecco, ho trovato! La PNL è un sistema altamente efficace per riuscire a entrare in sintonia con le persone in un modo mai visto prima e per conquistare la loro fiducia.

La fiducia delle persone è il bene più prezioso che puoi avere, anche più dell'amore.

Significa essere sicuro che tu non puoi fargli del male in alcun modo.

Possono darti le spalle e avere la certezza di non essere pugnalati.

Possono lasciare sul tavolo il portafoglio pieno di soldi e sapranno con assoluta certezza che lo troveranno esattamente dove lo hanno lasciato e con gli stessi soldi all'interno.

Possono anche aprirti il cuore raccontandoti i loro segreti più inconfessabili perché sanno che non li userai contro di loro.

E per questo tradire la fiducia di una persona è la cosa peggiore che puoi fare, è un peccato mortale (Dante condannava i traditori a ghiacciarsi il culo per l'eternità o a essere sgranocchiati da Lucifero in persona, per dire) dal quale non è possibile tornare indietro in nessun modo.

Quando si rompe il giocattolo è difficile aggiustarlo facendo in modo che i cocci non si notino.

E io so bene che si prova, ci sono passato e se hai un momento di pazienza ti racconterò questa parte della mia storia.

Tante persone mi hanno detto sempre che sono troppo ingenuo, che tendo a dare fiducia velocemente alle persone e che per questo mio atteggiamento finisco sempre fregato o "lo prendo in quel posto" per dirlo con le parole delicatissime di un mio amico.

Ma io sono fatto così, mi baso sul principio del trattare la gente come vuoi essere trattato e cerco sempre di essere la versione migliore di me stesso.

Non è facile, ma come diceva Lucio Dalla in "Disperato Erotico Stomp" l'impresa eccezionale è essere normale.

Parole sante, Lucio, parole sante.

Insomma, io ho sempre cercato di essere amico di tutti di non prendermela mai con nessuno per qualsiasi torto. Ho perdonato mille cose a mille persone diverse, disattenzioni, essere trascurato e messo da parte, prese in giro e così via.

Tanto le persone che non erano degne della mia fiducia si erano automaticamente isolate da me, andandosene per la loro strada senza essere rimpiante e io avevo al mio fianco le persone di cui mi fidavo.

O così credevo.

Uno dei miei migliori amici, medico, persona molto intelligente e socievole da un giorno all'altro sparisce senza lasciare traccia.

Nulla, zero, nada.

E non lo fa solo con me, ma con tutto il gruppo di amici.

Le ultime notizie lo davano fidanzato con una ragazza che ci aveva presentato e poi basta, il nulla più totale.

Per due mesi non ho avuto sue notizie e dentro di me mi sentivo strano.

Non ero arrabbiato, non valeva la pena esserlo ma mi sentivo ferito e questa sensazione mi dava molto fastidio, più di quanto ero disposto ad ammetterlo.

Perché io non avevo fatto nulla di male, anzi, ero sempre disponibile per tutti e in cambio non ne ricavavo nulla, e anzi, ero sempre quello che ci rimetteva.

E mi ero anche stufato di quella situazione e decisi di dare una scossa.

Scrissi un messaggio al mio amico, dicendogli di come mi sentivo ferito e che avrei gradito una qualsiasi spiegazione.

La risposta tardò ad arrivare ed era un'accozzaglia di scuse del tipo "non sei tu, sono io", o "non capisco bene perché l'ho fatto ma hai ragione" che si chiudevano con "si, ho sbagliato, cambierò".

Ma ormai la fiducia si era incrinata tra noi.

Chi mi garantiva che quella situazione non si sarebbe ripetuta in tre mesi, sei mesi, l'anno prossimo?

Nessuno.

E infatti da quel momento i miei rapporti con questa persona si sono raffreddati notevolmente.

Si, scuse accettate, ci mancherebbe, nessuno voleva l'umiliazione nella pubblica piazza, la gogna o che il mio amico si gettasse in ginocchio ai miei piedi flagellandosi la schiena per implorare il mio perdono.

Però qualcosa si era rotto.

Dovevo dare atto al mio amico, voleva rimediare, almeno di facciata (dato che con un altro amico ha continuato a comportarsi male pur ammettendo di avere torto), ma io non ero più interessato.

Purtroppo è un mio limite caratteriale: se sbagli con me hai chiuso, specialmente dopo che io mi sono fatto in quattro per te.

Si, sono complicato, lo so, ma la fiducia per me è basilare in un rapporto, indipendentemente che sia di lavoro o personale.

Io devo potermi fidare dell'altra persona altrimenti non ha senso dividere il mio tempo e tutti i miei spazi con lui/lei.

La fiducia assomiglia quindi a una pianta.

Deve essere coltivata giorno dopo giorno per riuscire a dare i suoi frutti e non si deve mai abbassare la guardia e continuare a curare l'albero della fiducia anche quando è bello rigoglioso dato che basta davvero poco per distruggerlo e la mia storia ne è un perfetto esempio.

La fiducia si costruisce con il tempo, dando attenzione all'altra persona, dedicandole parte del tuo tempo senza chiedere nulla in cambio e mostrando un sincero interesse per quello che sta facendo.

È necessario aiutare senza farlo pesare, dare consigli e saper criticare nel modo corretto, insomma, è un lavoro lungo e delicato e che non è detto riesca sempre a dare i propri frutti dato che non tutte le persone sono interessate a dare la loro fiducia.

Potresti anche essere considerato un povero scemo da sfruttare, come forse è successo a me.

Ma se vuoi ottenere quello che desideri è assolutamente fondamentale ottenere la fiducia della gente e la puoi ottenere anche con la PNL.

Puoi, ad esempio, migliorare la tua sintonia con le altre persone oppure diventare più sicuro di te e attirare le persone con la tua rinnovata sicurezza.

Ci sono tante tecniche per creare una sintonia speciale con le altre persone e una delle mie preferite è senz'altro quella del mirroring, ma in cosa consiste esattamente?

Mirroring

Si definisce Mirroring una tecnica PNL molto interessante che ti permette di creare una sintonia speciale con il tuo interlocutore e quindi di fare un notevole passo in avanti per guadagnare la sua fiducia.

Questa tecnica si basa sull'analisi del linguaggio del corpo, ovvero di tutti quei segni più o meno volontari che il tuo corpo usa per comunicare uno stato d'animo.

Si tratta di un campo di studi che è ancora molto controverso e non tutti gli studiosi concordano nel dire che tutti i linguaggi del corpo sono davvero in grado di rivelare uno stato d'animo e di sicuro non è come nei film dove il detective capisce che il sospetto è colpevole perché sbuffa e mette i piedi in un determinato modo, ma un buon osservatore può capire molto dall'espressione del viso, dallo sguardo, da come si muove una persona e anche da come usa le mani e da come mette i piedi. Sembrano cose astruse ma è presente una verità scientifica oggettiva e questa tecnica di PNL la sfrutta per i suoi scopi.

In estrema sintesi, il mirroring consiste nell'imitare i movimenti dell'altra persona in modo da creare una sorta di legame a livello subconscio e migliorare quindi il tuo rapporto con l'altra persona.

Il subconscio del tuo interlocutore non potrà non notare il fatto che ti muovi esattamente come lui e lo interpreterà come un segnale positivo.

Hai capito bene, dovrai imitare i movimenti del tuo interlocutore facendo finta che si trovi davanti a uno specchio in modo da riuscire a instaurare un rapporto ancora più profondo con lui.

Ci sono solo alcune cose che devi tenere a mente per usare questa tecnica di PNL correttamente:

- Stai molto attento a non trasformare il mirroring in una sorta di scimmiottamento dell'altra persona. Se lui/lei penserà che la stai facendo apposta si sentiranno presi in giro e non si potrà più rimediare perché il rapporto di fiducia che stavi costruendo con il tuo interlocutore è andato a farsi benedire e ti ho detto diverse volte che la fiducia è difficile da ottenere ma si perde rapidissimamente. Quindi va bene imitare il linguaggio del corpo dell'altra persona, meno bene essere una sorta di "stunt-double" ovvero un tizio che riproduce alla perfezione quello che fa l'interlocutore. L'unico risultato che riuscirai a ottenere sarà quello di irritarlo e di mandare all'aria tutto il tuo piano di conquista della fiducia.

- Non copiare immediatamente i gesti che fa l'altra persona ma lascia passare qualche secondo (5-10 secondi al massimo vanno bene) in modo da ridurre al minimo il rischio che il tuo interlocutore pensi solo allo scimmiottamento. Il trucco è quello di fare in modo che il tuo gesto sia il più naturale possibile e in questo modo potrai ingannare agevolmente tutti. Non è facile muoversi come un'altra persona e oltretutto farlo in modo naturale ma è l'unico modo per riuscire a portare avanti la tua opera di mirroring nel miglior modo possibile.

- Un trucco sempre utile nella vita (fondamentale nella vendita, per esempio) è quello di darsi da fare per mettere in luce gli aspetti positivi delle cose e minimizzare quelli negativi. È una tecnica che ha sempre funzionato e può fare ancora adesso dei veri e propri miracoli e che può rendere il tuo mirroring dannatamente efficace se riesci a usarla bene. Cosa si intende per minimizzare gli aspetti negativi? Non vuol dire "fai finta che non ci siano" ma anzi "fai in modo che si notino di meno". Ti faccio un esempio: nel linguaggio del corpo incrociare le braccia sul petto è considerato un segnale di forte chiusura. Il messaggio è chiaro: non voglio aprirmi a te e non disturbarmi. È un segnale quindi negativo e come puoi correggerlo nel mirroring? È presto detto, devi "addolcirlo" in qualche modo, per esempio non incrociando entrambe le braccia ma solo una delle due e creando un'apertura con l'altro braccio (tecnica molto efficace, allargare le braccia è sinonimo di accoglienza). In questo modo il mirroring sarà più efficace. Allo stesso modo devi amplificare il comportamento positivo. Se il tuo interlocutore apre le braccia te aprile di più! Se si sporge per sentirti meglio e mostrare interesse allora te sporgiti ancora di più e così via. Il potere del mirroring funziona al massimo se farai tua questa strategia.

Ricordati sempre queste tre dritte e sono più che sicuro che non avrai troppi problemi nel portare a termine con successo la tua azione di mirroring!

Il Rapport

Il Rapport è un'altra tecnica di PNL molto efficace per riuscire a conquistare la fiducia delle altre persone e a portare a termine quello che hai in mente di fare.
In cosa consiste questa tecnica?

È semplice, sono sicuro che l'hai già usata tantissime volte nella tua vita senza nemmeno accorgertene e sai già quanto è efficace.

Il Rapport si basa sulla comunicazione a tutti i livelli con le altre persone e a come puoi adattarti alle varie situazioni per ottenere il massimo risultato con il minimo sforzo.

Tante persone sottovalutano la potenza della capacità di adattamento, eppure è il talento che ha permesso al genere umano di abitare tutta la Terra e di passare dall'essere dei tizi seminudi che andavano a caccia con pali di legno appuntiti a mandare dei razzi su Marte che permettono a qualsiasi uomo di osservare la superficie del Pianeta Rosso dallo schermo del suo smartphone.

Anche Charles Darwin lo ha sempre sostenuto, non è la specie più forte quella che ha le maggiori possibilità di sopravvivere e di evolversi, ma quella che riesce ad adattarsi più velocemente e in modo efficace ai vari cambiamenti che avvengono attorno a lei.

È una regola valida non solo per il regno animale ma anche, anzi, specialmente per gli esseri umani.

Ogni giorno facciamo delle scelte e dobbiamo adattarci a qualcosa di nuovo e queste scelte influenzano l'ambiente attorno a noi, che muta in continuazione e tante volte non si può fare proprio nulla per controllarlo ma solo adattarsi ai suoi movimenti e cercare di farsi travolgere il meno possibile.

Ci sono poi delle cose che non si possono controllare e bisogna solo adattarsi per poter sopravvivere nel modo migliore.

Pensa, per esempio, a un cambio della guardia al vertice dell'azienda, un momento molto stressante per tutti.

Nuovo boss, nuova direzione, sicuramente delle teste salteranno e saranno rimpiazzate con dei fedelissimi del boss e nessuno vuole essere il prossimo a lasciare l'edificio con una scatola di cartone tra le mani e un calcio nel sedere.

A quel punto è solo necessario adattarsi alla situazione, evitando di rimanere ancorati al passato, al diventare l'ennesimo tizio che urla "ai miei tempi si che si stava bene!" e così via.

Se ti adatti sopravvivi, se non ti adatti sei sulla strada dell'estinzione.

Brutto ma è la verità della vita e prima lo capirai e prima sarai in grado di capire il potere dell'adattamento.

E adattarsi non significa solo far buon viso a cattivo gioco, ma anche capire che comportamenti adottare in determinate circostanze e con certe persone.

Con i genitori della mia compagna sono rispettoso e educato, mentre con i miei amici posso essere più "spigliato" e ricordare i bei vecchi tempi al pub davanti a una birra ghiacciata (per me una Coca, grazie) e facendoci due risate ricordando quando mettevamo i secchioni a testa in giù nel water per poi tirare l'acqua (non lo facevamo, al massimo ero io il secchione con la testa nel gabinetto).

Sono sempre la solita persona, solo che ho adattato il mio comportamento alle circostanze.

A un funerale sono serio e tengo un basso profilo, ai matrimoni posso essere l'anima della festa, a un meeting di lavoro riesco a essere professionale e preparato e poi davanti alla partita della mia squadra del cuore divento una belva assetata di sangue.

Sono sempre io, ma mi adatto alle diverse situazioni.

E perché?

Beh, per ottenere il massimo guadagno con il minimo sforzo.

Al funerale voglio che tutto finisca in fretta e non rimediare l'ennesima figuraccia passando per uno psicotico insensibile che si mette a fare l'imbecille in un momento simile.

Al matrimonio voglio divertirmi e magari riuscire a ottenere il numero di telefono della damigella della sposa.

Al meeting di lavoro devo fare buona impressione all'amministratore delegato per sperare di ottenere quell'aumento che vorrei tanto da moltissimo tempo e mostrarmi attivo, propositivo e interessato al futuro dell'azienda è una buonissima idea.

Alla partita voglio solo rilassarmi, sfogarmi e magari sopravvivere alla pessima idea di comprare un biglietto economico nella curva degli ultras.

In tutte queste situazioni ho adattato il mio comportamento e il mio linguaggio per ottenere il massimo risultato.

Se non fossi stato in grado di adattarmi le cose per me si sarebbero messe male sin da subito, con conseguenze alle quali preferisco non pensare al momento.

Il Rapport si basa sul principio dell'adattamento e su quanto bene riesci ad adattarti alla situazione che hai di fronte ma soprattutto al tuo interlocutore.

Si, perché ovviamente il tuo modo di comunicare deve essere sempre tarato sul tipo di interlocutore che hai di fronte.

Per esempio, davanti all'amministratore delegato dell'azienda dovrai parlare in modo tecnico, elencando cosa hai fatto, obiettivi raggiunti e cercare di fornire delle spiegazioni possibilmente convincenti per motivare il fallimento di altri obiettivi, il tutto con numeri, tabelle e analisi del mercato.

Con i tuoi amici al bar invece puoi avere un rapporto molto più confidenziale, così come sarà diverso il tipo di rapporto e la comunicazione che hai con il partner e degli amici dello stesso sesso.

O pensa a un bambino piccolo.

Ti abbassi per metterti al suo livello, sorridi e usi un linguaggio semplicissimo.

Con un bambino piccolo non parli di bilancio, delle avventure ai tempi della scuola, di cosa hai in mente di fare in camera da letto o del più e del meno.

No, parli in modo semplicissimo, racconti favole, la macchina diventa la "brum brum", usi parole facili da ricordare come "tato" o "tata" e così via.

Questo è un rapport, ovvero adattare il modo in cui parli e interagisci anche in modo non verbale con un'altra persona in base a che persona è e al contesto in cui vi trovate.

È molto importante anche guardare sempre la persona negli occhi e essere sempre allo stesso livello, per questo ti ho consigliato di abbassarti letteralmente al livello del bambino.

Il piccolo sarà molto più a suo agio in questo modo rispetto a vederti in piedi anche se parli sempre della brum brum del tato.

Allo stesso modo se vuoi entrare in sintonia con le persone in modo migliore devi essere allo stesso livello altrimenti il rapport non avrà lo stesso impatto.

Se parli con un amico o un collega cerca di sederti se noti che l'altra persona è seduta, altrimenti resta in piedi.

In alcuni tribunali il giudice siede su uno scranno sollevato in modo da poter ergersi letteralmente sopra tutti.

È una metafora del senso di giustizia (per sottolineare il fatto che nessuno è idealmente al di sopra della legge) ma anche un modo per far capire a tutti chi è che comanda e come girano le cose.

Il giudice guarda tutti dall'alto verso il basso, ha potere di decidere delle vite degli imputati e lo fa capire immediatamente, il rapport è palesemente sbilanciato e va bene così.

Insomma, adattare la tua comunicazione e il tuo modo di agire in base a dove ti trovi e a chi hai di fronte è un pilastro della PNL e ti permetterà di raggiungere ottimi risultati se lo riuscirai ad applicare sempre nel modo corretto.

Milton Model

Questa tecnica di PNL prende il nome dallo psicanalista che per primo lo ha scoperto e perfezionato nel corso del tempo ed è un metodo di PNL che serve per "camuffare" la libertà di scelta di una persona.

In sintesi estrema (ma ora lo andremo ad approfondire) significa dare alle persone la libertà di scelta ma solo apparentemente.

In realtà loro potranno scegliere solamente tra due opzioni (quindi limitando molto questa libertà di scelta) che tu hai selezionato e quindi, indipendentemente da quello che sarà scelto, vincerai in ogni caso.

Per prima cosa dovrai usare il rapport (e anche il mirroring, perché no?) per stabilire un contatto profondo con il tuo interlocutore.

Dovrai diventare un amico per lui/lei, un punto di riferimento, dovrà pensare "menomale che c'è lui/lei, sono a cavallo!" e darti la sua massima fiducia.

A quel punto sarà facile adottare il Milton Model e riuscire a vendere quello che vuoi o a portare l'altra persona a scegliere di fare qualcosa che tu vuoi fare ma dandogli l'impressione di essere stato lui/lei a scegliere di farla.

Si può obiettare che si può sempre fare una scelta e non è detto che si sceglierà la cosa che porta più vantaggio a noi, è vero, ma si tratta di un rischio calcolato dato che comunque si sceglierà tra due opzioni che portano comunque un vantaggio a noi.

Mi spiego meglio, immagina di essere con il tuo partner e di voler andare a cena fuori.

Non hai voglia di andare in ristoranti raffinati, hai voglia di una super pizza con una montagna di mozzarella sopra o di un super piatto di frittura di pesce e di patatine fritte e non accetti altre opzioni.

A questo punto devi far entrare in gioco il Milton Model per andare dove vuoi tu ma facendo credere al tuo partner che sarà lui a decidere.

Il partner si fida di te per via della vostra relazione, che hai rafforzato anche con un rapport su misura e con il mirroring e quindi il terreno è perfettamente pronto all'uso del Milton Model.

A questo punto puoi porre la domanda facendo attenzione a dare solo le opzioni di scelta che vuoi tu. Il rapporto di fiducia che l'altra persona ha per te ti permetterà di farlo senza che lui possa percepire l'uso del Milton Model o della finta libertà di scelta che gli stai dando.

Una domanda efficace può essere "Vuoi andare alla pizzeria oppure da "Gigi Il Troione" (citazione doverosa di quel capolavoro di "Fantozzi")? Pensaci e fammi sapere".

Se hai consolidato il tuo rapporto di fiducia con l'altra persona tramite un buon rapport prima e poi con il mirroring allora il tuo interlocutore non penserà nemmeno al fatto che, alla fine della fiera, dovrà solo decidere tra due locali dove tu vuoi andare e non lui/lei.

Deciderà senza problemi e anzi, sarà intimamente convinto/a di essere stato lui/lei a decidere!

Questo è il potere del Milton Model, che può essere usato anche nelle vendite, per esempio proponendo al cliente due prodotti che vuoi assolutamente vendere e facendogli credere che sarà lui a decidere cosa scegliere.

Oppure è un sistema che si usa anche in politica, per esempio nelle elezioni dove si polarizza la comunicazione dicendo semplicemente ai cittadini di scegliere tra il partito A e il partito B.

Le persone scelgono e se c'è abbastanza fiducia non penseranno al fatto che poter scegliere solo tra due cose non è una vera libertà di scelta (si, c'è di peggio, il modello paese dittatoriale dove non hai nemmeno la possibilità di scegliere tra due opzioni, ma è una situazione improbabile qui da noi) e che fondamentalmente si sceglie solo tra due cose che sono state imposte da qualcun altro.

Questo è forse il grosso limite del Milton Model: se non c'è abbastanza fiducia tra le due parti è facile che emerga la contraddizione di fondo tra dare libertà di scelta ma solo fino a un certo punto e tra quello che pare a noi.

Se c'è poca fiducia è facile che si inserisca una terza opzione o si rifiuti totalmente di prendere una decisione e non si può certo forzare l'altra persona a scegliere perché altrimenti la fiducia crollerebbe ancora di più e il tentativo di manipolazione sarebbe palese, e ormai sai bene che se crolla la fiducia è quasi impossibile riuscire a recuperarla.

Tuttavia c'è una cosa che puoi fare se il Milton Model non dovesse funzionare per qualche motivo.

Puoi provare a usare la PNL ponendo delle domande al tuo interlocutore per cercare di capire i motivi del rifiuto e cercare di recuperare in diretta.

Mettiamo il caso che il tuo partner abbia rifiutato la tua idea di andare a mangiare fuori dicendo che preferisce stare a casa.

Non puoi abbandonare così, ormai ti immaginavi già al tavolo ad addentare la pizza o mentre sceglievi con cura il primo gamberetto fritto da mangiare, non puoi arrenderti senza lottare!

Potresti chiedere al partner per quale motivo non vuole uscire e poi cercare di riapplicare il Milton Model, oppure se ha letto delle recensioni negative sul ristorante e sottolineando che alla fine è sempre meglio provare di persona le cose per capire se sono davvero come sembrano.

Se invece il cliente non vuole scegliere tra le due opzioni che gli hai dato chiedigli per quale motivo non pensa che i tuoi prodotti possano risolvere i suoi bisogni e se ha sentito delle voci negative sul brand che rappresenti.

Dovrai cercare di scardinare le loro convinzioni con la forza della logica e della PNL, modificando il tuo rapport e trovando la risposta alla domanda fondamentale per vendere qualsiasi cosa nel mondo, da una vite fino a una bomba atomica: "Come posso convincere questa persona che quello che vendo è proprio quello che gli serve?"

Non cercare però di insistere perché otterresti solo l'effetto contrario.

Il Milton Model è infatti efficace solo fino a quando regge l'illusione che è l'altra persona ad avere il controllo della situazione e a fare le scelte.

Se alla fine viene fuori che sei tu a decidere veramente e che vuoi imporre la tua volontà a tutti i costi allora non ci sarà nulla da fare e l'interlocutore si chiuderà a riccio evitando di darti retta indipendentemente da tutti gli sforzi che farai.

Lo so perché anche io sono così, detesto che qualcuno mi forzi a fare delle scelte che non voglio fare e mi innervosisce parecchio, spingendomi a fare l'esatto contrario di quello che vogliono e scegliendo di non scegliere.

Il comando implicito

Si può definire una variante del Milton Model e che sono sicuro che hai usato mille volte senza starci troppo a pensare, dico bene?

Nel Milton Model dai al tuo interlocutore l'apparente libertà di fare una scelta ma in realtà la scelta è solo tra due opzioni che hai scelto tu, quindi alla fine dei giochi qualsiasi cosa sarà scelta ti andrà bene, mentre nel comando implicito non dai all'altra persona la possibilità di scegliere e anzi, stai dando un comando solo che lo travestirai da suggerimento in modo che non venga davvero percepito come un comando che stai dando.

Perché ricordati, le persone sono disubbidienti per natura e detestano fare le cose solo perché qualcuno gli ha imposto di farlo e, a meno che tu non abbia una certa autorità sul tuo interlocutore (sei un poliziotto, un politico importante, il capo ufficio, il partner o un genitore) allora non aspettarti tanta collaborazione (a meno di non pagare per quel servizio, in quel caso puoi dare ordini ma sempre entro un certo limite).

Il comando implicito camuffa l'ordine e lo rende accettabile anche per chi detesta gli ordini e sfrutta la fiducia che sei riuscito a creare con l'altra persona per farle fare quello che desideri.

Per fare un esempio, un comando implicito molto efficace può essere "Andiamo a mangiare la pizza stasera".

Noterai che è molto diverso da dire "Vuoi andare a mangiare una pizza stasera?" e che è molto più difficile dire di no alla prima frase rispetto alla seconda anche se sembra un ordine ma che colpisce l'inconscio in un modo molto potente e difficile da resistere.

Si può dire che se hai autorità è facilissimo applicare il comando implicito ma per ottenere dei buoni risultati dovresti per prima cosa guadagnare la fiducia dell'altra persona e poi iniziare ad applicare questa tecnica partendo da delle richieste semplici e che sai che potrebbero essere accolte senza troppi problemi ("Facciamoci una birra" invece di "Ci beviamo una birra?") e poi alzare lentamente la posta in palio.

Non farti troppi problemi etici nell'usare il comando implicito o gli altri trucchi della PNL perché non stai commettendo nulla di male (sempre se usi la PNL per lavoro o per crescita personale, senza truffare le persone) e poi puoi sempre pensare che è estremamente probabile che gli altri farebbero a te la stessa cosa se conoscessero alla perfezione tutti i segreti della PNL come te.

La PNL è un mezzo per raggiungere i tuoi scopi (essere felice, diventare la versione migliore di te, creare un rapporto speciale con le persone) ma purtroppo è facile usarlo anche per scopi malvagi (come hai visto nella storia di Manson, un vero pioniere della manipolazione) ma è negli scopi positivi che la PNL riesce a esprimersi al massimo e a dare gioia alle persone dato che è stata originariamente concepita solo per quello, e con la prossima tecnica ti svelerò come suscitare delle emozioni particolari nelle persone in poco tempo: la tecnica dell'Ancoraggio!

Ancoraggio

Nella nostra vita entriamo in contatto con diverse persone, viviamo eventi, ascoltiamo canzoni, leggiamo libri e fumetti, mangiamo diversi tipi di cibo ogni giorno e tutto questo bagaglio di esperienze viene immagazzinato nel nostro cervello per poi essere consultato al momento più opportuno.

Si potrebbe dire molto del nostro cervello e la PNL ha dedicato molto tempo allo studio dei vari modi in cui il cervello umano gestisce i ricordi e le variazioni dei ricordi che possono creare problemi (i metamodelli), ma per adesso mi limito a dire che spesso il cervello crea una strana associazione tra due stimoli apparentemente diversissimi tra di loro ma che vengono "fusi" in qualche modo assieme.

Il risultato è quello di pensare a una delle due cose e di associare immediatamente anche l'altra, indipendentemente da quello che si sta facendo.

Ti parlo della mia esperienza personale.

C'era una ragazza di cui ero perdutamente innamorato e cercavo di farmi notare da lei in ogni modo possibile (spoiler, non ci sono riuscito) e un giorno mi misi anche a catalogare per lei tutte le canzoni di Gigi D'Alessio (si, non sto scherzando) in modo da fare colpo su di lei.

Non sono riuscito a raggiungere il mio obiettivo ma qualcosa è scattato nella mia testa: ancora ora quando sento una qualsiasi canzone di Gigi D'Alessio penso ancora a quella ragazza con un pizzico di nostalgia (non solo di lei ma di un periodo bellissimo della mia vita che ormai non tornerà più) indipendentemente da che canzone sto ascoltando (anche se con alcune canzoni l'effetto è più forte) e allo stesso modo quando sento "Guerriero" di Marco Mengoni penso alle prime uscite con la mia attuale compagna e di come ero felice di aver conosciuto una ragazza con un carattere con cui potevo essere in completa sintonia.

Insomma, con queste canzoni succede qualcosa dentro alla mia testa facendo scatenare dei ricordi e delle sensazioni piacevoli ma anche spiacevoli (ogni volta che vedo una sedia a rotelle ho la pelle d'oca perché ho seriamente rischiato di finirci per un brutto incidente).

Ho indagato a lungo per capire cosa significasse questo funzionamento così particolare del mio cervello e ho scoperto che era alla base di un metodo di PNL molto interessante e che puoi usare per aiutare le persone a avere delle belle sensazioni e si chiama "ancoraggio".

Il principio alla base dell'ancoraggio è semplice: prendere una sensazione di benessere, un momento in cui ci si sente bene mentalmente e si è particolarmente motivati a fare bene e associarlo a un qualcosa che è definito "ancora" che può essere davvero qualsiasi cosa.

Nel mio caso ho iniziato associando la pizza a un momento di pausa dove posso finalmente staccare il cervello da tutti i miei affari e non pensare a nulla se non a divorare il trancio di pizza margherita che ho davanti agli occhi.

Ho associato il benessere del poter finalmente staccare per qualche minuto da tutto alla pizza usando il metodo dell'ancoraggio e ormai adesso l'associazione pizza => pace si è consolidata dentro di me e mi basta davvero pensare alla pizza per farmi sentire bene e rilassato.

Ho effettuato quello che nella PNL è definito "ancoraggio" collegando benessere e pizza ma devo dirti che non è stato un processo immediato, ho avuto bisogno di una mano ma potresti anche provare a fare da solo, potresti riuscirci.

Per prima cosa devi identificare una sensazione che ti fa stare bene, per esempio essere tranquillo e in pace col mondo, senza nessun problema e con la consapevolezza di poter fare quello che ti pare senza problemi.

Visualizzala nella tua testa e immergiti in questa fantasia, devi assaporare ogni sensazione benefica di quella situazione, devi alienarti dal mondo per provarla nel modo più profondo possibile.

Cerca di capire quando sei arrivato all'apice della sensazione, al climax, al momento più intenso, è molto importante per un corretto ancoraggio.

Puoi eventualmente provare a vivere quella sensazione diverse volte per riuscire a individuare ogni volta il climax, dopo qualche prova dovresti essere in grado di accorgertene senza troppi problemi ma è fondamentale per assicurare il massimo successo della tecnica dell'ancoraggio essere davvero sicuri di aver individuato il vero apice della sensazione.

Una volta che lo hai fatto immagina l'oggetto, la canzone, il cibo, la persona, il gesto o quello che vuoi associare a quella sensazione e inizia a pensarci solo quando sei all'apice massimo del benessere derivato dallo stato d'animo che vuoi raggiungere in modo che il tuo cervello inizi a registrare l'associazione tra quello stato d'animo e quel determinato aggancio.

Non pensarci troppo (anche perché l'apice spesso non dura molto) e poi lascia che la sensazione che vuoi vivere sparisca da sola facendo bene attenzione a non pensare più all'oggetto da associare a quella sensazione per non rischiare di diminuire gli effetti dell'ancoraggio.

Adesso calmati completamente, fai una passeggiata, cucina una torta, fatti una doccia o fai ginnastica, insomma, fai tutto quello che ti pare per non pensare alla sensazione e a tutto l'ancoraggio.

La mente deve essere distratta da tutt'altro e quando lo sarà fai una prova e pensa all'oggetto che hai associato a quella sensazione (o fai il gesto concordato, canticchia la canzone o così via) e guarda che succede.

Se la tua mente inizierà a pensare a quella sensazione e improvvisamente sarai immerso nel climax allora datti una bella pacca sulla spalla perché hai avuto successo e hai applicato alla grandissima la tecnica dell'ancoraggio e da questo momento in avanti non avrai problemi a sentire quello stato d'animo particolare se penserai a quell'oggetto/sensazione/canzone o quello che ti pare e posso garantirti che l'effetto dell'ancoraggio è davvero lungo, può anche durare tutta la vita in alcune situazioni!

Se invece non succede nulla o la sensazione non è così forte come nell'apice allora dovrai ritentare ancora fino a quando non effettuerai l'ancoraggio nel modo migliore.

Non scoraggiarti se questa tecnica di PNL non dovesse funzionare subito perché è complicata ma può dare risultati davvero eccellenti nel lungo periodo.

Anche io ho dovuto faticare molto per riuscire a renderla efficace al massimo e ammetto che la frustrazione stava per prendere il sopravvento in alcuni momenti ma non mi sono mai davvero scoraggiato e sono quindi riuscito a ottenere esattamente quello che volevo, ovvero effettuare correttamente l'ancoraggio.

Dopotutto, se fosse così facile allora per quale motivo così tanta gente avrebbe dedicato anni allo studio della PNL? Per ottenere grandi risultati servono fatica, sudore e impegno costante in ogni settore, non dimenticarlo mai.
Se fosse facile lo farebbero tutti, non credi?

Reframing

Hai mai sentito parlare della storia del bicchiere mezzo pieno e mezzo vuoto?
Chi è pessimista di natura vedrà sempre il bicchiere mezzo vuoto e ne sarà triste.
Chi è ottimista di natura invece vedrà il bicchiere mezzo pieno e sarà felice di questo.
Ci sono persone che nascono naturalmente pessimiste e devo dire che non le invidio per nulla.
Pensaci, trascorrere tutta la vita a lamentarsi di qualcosa, a vedere tutto nero, a immaginare il peggior scenario possibile in ogni situazione e alla fine aver paura di fare qualsiasi cosa per via dei probabili fallimenti.
Allucinante, un vero e proprio film dell'orrore, io non saprei mai vivere in questo modo, impazzirei dopo un solo giorno.
Non è molto meglio cercare di essere sempre ottimisti nelle cose? Non voglio dire di essere illusi e di pensare che le cose andranno sempre bene indipendentemente dall'idea che si vuole mettere in atto, ma nemmeno pensare che tutto il mondo ti odia e non aspetta altro che metterti i bastoni tra le ruote ogni singola volta.
Essere realisti, tendenti all'ottimismo.
Ci sono degli individui che riescono ad assumere questo atteggiamento mentale in modo naturale, indipendentemente da quello che gli succede.

Ho un parente che ha avuto dei gravissimi problemi di salute a un occhio a causa di una serie di fattori come una sua negligenza nel consultare uno specialista, chiedendo un consulto medico solo quando ormai il danno era fatto e dall'errore dell'oculista che inizialmente aveva sottovalutato il problema,

Il risultato?

Ha quasi perso la vista da un occhio che adesso praticamente vede solo delle piccole particelle di luce in mezzo a un telo nero.

Il medico ha detto che il nervo ottico si è "bruciato" e che sarebbe stato estremamente difficile, per non dire impossibile, rimetterlo a posto ma che si poteva lo stesso tentare anche se la probabilità che alla fine della fiera tutti si rivelasse solamente del tempo perso era alta, altissima, e il mio parente non se l'è sentita di perdere altro tempo e magari di peggiorare ancora di più una situazione ormai compromessa.

Una persona pessimista non si sarebbe mai ripresa da una situazione del genere, maledicendo il destino cinico e baro che l'aveva colpita e passando il tempo a lamentarsi di quello che era successo, senza mettere sul piatto nessuna possibile soluzione.

Stare sul letto a piangere sarebbe stato il massimo sforzo possibile, il meglio che si possa fare.

Ma il mio parente non è una persona pessimista, anzi, è l'esatto opposto.

Molto ottimista, sempre con la battuta pronta, un vero animale da palcoscenico che in ogni momento potrebbe prendere un microfono e raccontare delle barzellette a dei perfetti sconosciuti e ottenere un grandissimo successo, non si è assolutamente lasciato abbattere da quello che gli è successo.

Si, è carico di rabbia quando ne parla, rabbia verso di sé per essersi colpevolmente trascurato per troppo tempo, rabbia verso il medico che aveva sottovalutato la situazione e in generale rabbia verso il destino che gli aveva giocato quel brutto scherzo, ma è anche una persona ottimista ed è riuscito a vedere il bicchiere mezzo pieno.

Può ancora lavorare in modo eccellente, guida, ha una grande vita sociale e trasmette energia positiva alle persone e anzi, la sua storia è stata un enorme esempio per me per capire che non si deve mai mollare e che le persone non sono forti quando le cose vanno bene, ma lo sono quando le cose vanno male.

Probabilmente senza saperlo il mio parente ha adottato la tecnica PNL del Reframing, la tecnica che ti permette di vedere le cose da un diverso punto di vista e di trasformare il negativo in positivo.

Io la considero una delle tecniche fondamentali della PNL e voglio parlartene adesso.

Il reframing è una tecnica di PNL che ti permette di trasformare il negativo in positivo o meglio, di trovare qualcosa di positivo in qualsiasi situazione, come un novello Marty Feldman in "Frankenstein Junior" che dice "Potrebbe andare peggio, potrebbe piovere" (e poi piove).

Forse definirla "tecnica di PNL" è sbagliato dato che non è una vera tecnica di convincimento a parole ma piuttosto un modo diverso di vedere le cose, sforzandosi di vedere sempre il bicchiere mezzo pieno in qualsiasi circostanza, anche nella più brutta.

Del resto sia al pessimista che all'ottimista capitano le solite cose e quello che fa la differenza è il modo in cui reagisci a quello che ti succede.

Si dice anche che fortuna e sfortuna non esistano (o almeno come le conosciamo noi), il mondo è dominato dal caso e la persona fortunata è semplicemente quella che riesce a "cavare il sangue dalle rape" ovvero a trasformare ogni situazione in un'occasione di crescita sia personale che finanziaria.

Lo sfortunato non ci riesce, si blocca e non avanza mai, adottando un modo di pensare altamente negativo che lo influenzerà in tutto quello che farà nella sua vita.

E per il binomio ottimista – pessimista è lo stesso principio ad essere valido: accadono le solite cose, ma si reagisce in modo diverso.

Del resto si dice che la vita è 10% quello che ti succede e 90% come reagisci a queste cose e io non potrei essere più d'accordo.

Questa tecnica di PNL si basa sulla tua capacità di vedere le cose da un altro punto di vista e cercare sempre di trovare qualcosa di positivo in quello che è successo cercando di rispondere a una semplice domanda: "in che situazione alternativa questa situazione mi darebbe dei vantaggi?" oppure anche solo "posso imparare qualcosa da quello che mi è successo?"

Immagina di aver perso il lavoro.

Terribile, ci sono passato e non è per nulla bello, non lo auguro nemmeno al mio peggior nemico.

Ti senti confuso, la tua quotidianità è compromessa, ti guardi attorno e non sai bene cosa fare adesso.

Hai paura per il tuo futuro.

Cosa c'è di positivo in questa situazione?

Poco, pochissimo, anzi, è la peggior situazione possibile, specialmente se hai dei bimbi piccoli a cui badare.

Ma è anche una delle situazioni dove puoi sperimentare il potere di questa tecnica di PNL e provare a vedere le cose da un punto di vista diverso.

Prova a pensare, per esempio, a quanto non ti piaceva il tuo lavoro, alle costanti frustrazioni derivate dal dover avere a che fare continuamente con persone che non capivano nulla e volevano darti ordini, ai colleghi nervosi e alle loro manie e alla sensazione di poter ambire a qualcosa di meglio e che alla fine dei conti non valesse la pena tutto quello stress per uno stipendio normale.

Trasforma questa pessima situazione in un'occasione di crescita e un nuovo inizio.

Per prima cosa, non pensare assolutamente che la tua vita sia finita qui, nemmeno per sogno, fuori da quella porta ci sono tantissime occasioni che puoi raccogliere per avere successo e sono sicuro che impiegherai poco tempo per trovarle.

Senza contare che hai accumulato esperienza in un settore e che hai una rete di contatti da sfruttare per verificare se ci fosse qualche occasione in giro o cose del genere.

E magari hai i tuo hobby e progetti secondari (voglio sperare che tu non trascorra tutto il tuo tempo libero ammazzandoti di gelato e patatine sul divano guardando in loop serie tv, vero?) ai quali puoi dedicare più tempo e magari provare a trasformarli in qualcosa di più di un semplice passatempo (diversi ragazzi hanno iniziato in questo modo con YouTube e adesso hanno una seconda entrata o è diventato il loro lavoro principale).

Potresti anche provare a fare qualcosa di nuovo, ad adattarti alla situazione in maniera differente.

Si, sono tornato a parlare di adattamento perché pensare positivo e vedere il bicchiere mezzo pieno è anche una questione di adattamento e di corretta mentalità.

Se ti adatti a quello che ti succede riuscirai a restare a galla, se non fai altro che deprimerti e rimanere nell'angolino a piangere o a cercare un colpevole per quello che ti è successo allora mi dispiace, sei inevitabilmente destinato a continuare a precipitare nella tua spirale negativa ancora per tantissimo tempo.

Ma puoi comunque invertire la rotta in qualsiasi momento se sai come fare.

Prendere il negativo e trasformarlo in positivo cambiando il tuo processo mentale e il modo in cui vedi le cose.

Sembra semplice ma è complicato, ma è proprio per questo che quando riesci a portare a termine il tuo cambiamento avrai tantissime soddisfazioni.

Puoi anche solamente pensare di imparare qualcosa da ogni situazione.

Per esempio, immagina di aver sopravvalutato le tue doti di parcheggiatore e hai strusciato la fiancata dell'auto sul muro.

Sei arrabbiatissimo, è normale, lo sarebbero tutti.

Ma però ti sei ripromesso di trasformare il negativo in positivo e cosa puoi imparare da tutta questa storia?

Magari a non sopravvalutarti mentre guidi? Oppure a guidare più piano? O, in generale, che è facile farsi del male in qualsiasi modo e che quindi tutte le azioni hanno delle conseguenze che dovresti sempre tenere a mente?

E queste sono solo le prime che mi sono venute in mente.

Inizia a vedere le cose anche da un altro punto di vista, non sarà una cosa immediata ma ne trarrai sicuramente grandi benefici nel lungo periodo.

6. Trucchi mentali per essere benvoluti e manipolare meglio

#1: Interesse sincero

Come già detto diverse volte, alle persone piace sentirsi importanti e apprezzate e cosa c'è di meglio di avere una persona che è sinceramente interessata a quello che stai facendo?

Nulla e infatti mostrare un sincero interesse per le attività dell'interlocutore è uno dei modi migliori per riuscire a conquistarne la fiducia e l'amicizia.

Stai molto attento però a come agisci, mai come in questo caso il timing è importante.

Pensa a un tizio che ti conosce e in pochi minuti (o giorni) cerca di essere il tuo nuovo migliore amico.

Lo troveresti fastidioso, non è vero? Il tuo primo pensiero sarebbe "Ma che vuole questo tizio?".

Non penseresti queste cose se il processo di conoscenza arrivasse per gradi, vero? Certo, tra le persone c'è una certa chimica speciale, puoi conoscere un tizio da venti anni e non entrare mai in confidenza con lui e poi conoscere un tale in palestra e dopo dieci minuti diventare best friends forever and ever.

È strano, ma è quello che affascina nel rapporto tra le persone.

Ad ogni modo, nulla può farti benvolere maggiormente rispetto al mostrare un sincero interesse nelle attività dell'altra persona, dedicando a questa tempo e attenzioni.

E qui devo fare autocritica e dire che ho usato personalmente questa tattica alla fine della mia adolescenza e quindi posso metterci la faccia nel dire che funziona alla grande.

Ero perdutamente innamorato di una ragazza del mio paese ma lei non ne voleva sapere.

Avevo incassato il rifiuto ma la mia mente si rifiutava di elaborarlo e di passare oltre.

Ero un ragazzino, avevo 19 anni e adesso mi sarei messo l'animo in pace e mi sarei accontentato di mantenere l'amicizia con lei.

Ma al tempo non mi volevo arrendere e cercavo sempre di parlare con lei.

Ero il tizio che cerca in tutti i modi di diventare tuo amico e questa cosa la metteva molto a disagio.

I segnali di fastidio erano evidenti (tipo cambiare idea all'ultimo e non presentarsi a degli appuntamenti) ma la mia stupida mente non voleva vederli e alla fine uno dei miei migliori amici mi aveva detto che era il caso di darci un taglio adesso, prima che le cose sfuggissero di mano a tutti e qualcuno mi dicesse con le cattive di smetterla.

Si, in quel caso capii e mi misi il cuore in pace, provando a conoscere qualche altra ragazza (ne avevo avuta l'occasione ma ormai il treno era passato), ma con scarsi risultati.

Nell'autunno cominciai a lavorare e una domenica vidi la ragazza di cui ero innamorato assieme a un tizio.

Era il suo fidanzato e ci rimasi molto male. Si, ero contento per lei e del fatto che non le avevo incasinato la vita, ma volevo ancora essere al suo posto.

E senza volerlo misi in pratica questo suggerimento e da buon manipolatore non mi avvicinai a lei, ma usai una sua amica come cavallo di Troia per stare vicino a lei.

Chissà, magari poteva lasciarsi da un momento all'altro o cambiare idea.

Così mi ricordai che una delle sue migliori amiche lavorava come barista vicino a una delle edicole più fornite della città. Era la scusa che mi serviva, e quando andavo a comprare qualche fumetto o DVD passavo al bar a salutarla e a fare due chiacchiere.

Mostravo un sincero interesse nelle sue faccende e in breve tempo il nostro rapporto divenne più profondo e lei mi parlava anche della nostra comune amica e del suo fidanzato.

Ora potevo entrare al bar (dove la mia amica trascorreva diversi pomeriggi) a salutare la barista senza destare nessun sospetto e anzi, avevo informazioni di prima scelta su tutto quello che succedeva.

Si, è inquietante, vero?

Ad ogni modo non ho mai fatto nulla di male e dopo qualche tempo ho approfondito la conoscenza con il suo fidanzato.

È una brava persona, carattere particolare ma affidabile e sinceramente innamorato di lei.

Se volevo veramente che lei fosse felice dovevo solo lasciarla andare e smettere di essere un coglione patentato e interrompere quella messa in scena prima che fosse troppo tardi e l'ho fatto.

Ho iniziato a venire di meno al bar dicendo che stavo lavorando molto e che avevo conosciuto una ragazza (tutto vero, ma poi non se ne è fatto nulla. La mia vita amorosa sembra quella di Ted Mosby, eternamente alla ricerca della donna perfetta con cui figliare e, come lui, l'ho trovata) e che sarei passato di meno a trovarla.

Lei era sinceramente contenta per me e mi sono sentito in colpa per aver provato a manipolarla per avvicinarmi alla mia amica ma allo stesso tempo ero felice di esserle stato amico.

Ted Bundy mostrava un sincero interesse per le sue vittime e in genere per le dinamiche sentimentali delle donne.

Studiava psicologia e legge e quindi aveva tutte le conoscenze necessarie per manipolare le persone e sono sicuro che rimarrai sorpreso nello scoprire che questo serial killer lavorava come volontario in una linea di prevenzione dei suicidi.

Si, hai capito bene, Ted Bundy, serial killer spietato e autore di almeno 30 omicidi ha salvato delle vite umane.

La scrittrice e sua amica Ann Rule (autore del bellissimo "Un estraneo al mio fianco dove parla della sua amicizia con Bundy e ricostruisce la sua vita) è stata personalmente testimone di alcuni salvataggi operato da Bundy al telefono.

Il futuro mostro era interessato ai problemi dell'altra persona, dedicava loro tempo e attenzione con delle vere maratone telefoniche (che permettevano alla polizia e alle ambulanze di arrivare a casa dell'aspirante suicida prima che fosse troppo tardi) dove restava zitto e ascoltava tutto quello che avevano da dire.

Strano, vero?

Non si sa se quella fosse una fase della vita di Bundy dove era ancora "buono" e l'interruttore nella sua testa che lo aveva fatto diventare un mostro non era ancora scattato o se quella fosse solo l'ennesima manipolazione di quell'uomo che in quel modo aveva accesso a tantissime informazioni sulla psicologia delle donne e che poteva usare per i suoi scopi.

Perché quasi tutte le vittime di Bundy erano donne che in quel momento erano sole e che spesso avevano dei problemi di droga o che avevano litigato con il compagno.

Erano vulnerabili e un manipolatore seriale come Theodore Robert Bundy le sapeva riconoscere da lontano.

Del resto, un predatore non attacca una preda forte, ma quella più debole del gruppo, vero?

Mi sento in colpa con questa ragazza, anche se non ho fatto davvero nulla di male (lei stava lavorando, ero io che dedicavo tempo e attenzioni al rapporto).

Adesso ho perso completamente i rapporti con lei (ironica la vita a volte, vero? Da best friends a "missing in action" in pochi anni) ma attraverso i social ho visto che sta bene e si dedica alla pittura. Sono felice per te!

Questa è la mia storia.

Questo tipo di manipolazione è dannatamente efficace se mostri interesse sincero e sei disposto a sbatterti per conquistare la fiducia dell'altra persona.

È chiaro che non è il metodo di manipolazione più veloce del mondo ma è come una pianta: devi annaffiarla ogni giorno e poi i frutti arriveranno.

#2: Sorridere

Recentemente ho dovuto fare delle foto per lavoro e il boss si è raccomandato molte volte di fare un bel sorriso sincero durante lo scatto.

"Queste foto andranno sul catalogo, non facciamoci riconoscere anche questa volta, mi raccomando!" diceva così tante volte che se mi avessero dato 1€ per ogni volta che ho sentito la frase mi sarei senz'altro comprato un iPhone nel giro di una settimana.

Come mai il boss era così ossessionato dal sorriso (e tra l'altro le foto sono venute alla grande)?

Perché è risaputo che un bel sorriso è uno dei modi migliori per piacere agli altri e dimostrare di essere una brava persona e, in generale, a dimostrare disponibilità e gioia di vedere qualcuno.

Pensa per esempio a quando entri in un negozio e vieni accolto da una commessa.

Nel primo caso la commessa ha un bel sorriso genuino e sembra felice che tu sia entrato e non vede l'ora di servirti.

Nel secondo caso la ragazza ha il broncio e non fa mistero del fatto di volere fare qualsiasi cosa nella vita tranne che servirti.

Mi ricordo che un giorno andai a un piccolo ristorante dove lavorava una parente della mia fidanzata.

Era un ristorantino che pativa molto la concorrenza di un McDonald's nelle vicinanze che aveva cannibalizzato la clientela più giovane e che faticava ad andare avanti.

Sembra la trama di una puntata di "Cucine Da Incubo", lo so, ma era la realtà dei fatti.

Quando arrivai al ristorantino non faticai a capire i motivi della crisi e del fatto che i giovani si tenevano alla larga dal locale: arredamento vecchio e scialbo, menù con pochi piatti e pure fuori tempo e una cameriera che di essere li in quel momento non ne aveva assolutamente voglia.

Non ci ha accolto sorridendo, ci ha detto i piatti del giorno in modo sbrigativo e sprigionava irritazione e svogliatezza da tutti i pori.

Abbiamo mangiato e ho detto alla mia compagna che non sarei mai più tornato li perché non mi ero sentito per nulla il benvenuto a causa del comportamento della cameriera e non faticavo a comprendere che un Big Mac fosse più interessante per un giovane che dei carciofi fritti serviti da una tizia che voleva essere da tutt'altra parte.

Quando incontri una persona e vuoi farle capire che è la benvenuta devi sorridere e farlo in modo sincero (sollevando bene la bocca, gli esperti di linguaggio del corpo dicono che un sorriso sincero è ben aperto sul volto mentre uno falso è tirato e a malapena accennato), comunicando che sei contento di vedere quella persona.

Un sorriso non costa nulla, ti permette di fare una bella impressione e entra nella testa di chi ti guarda.

Anche Bundy sorrideva per attirare le sue vittime. Era un bel ragazzo, elegante e sorridente, credi che l'effetto sarebbe stato lo stesso se si fosse avvicinato alle ragazze con il broncio?

Io credo di no, e anzi, quelle poverette sarebbero scappate via.

Oppure pensa a un venditore.

Avrà più probabilità di vendere se si presenta dai clienti con un bel sorriso e contendo di avere l'occasione di dimostrare che quello che vende ha valore o se arriva incazzato con il mondo, propone i prodotti con fare robotico ed è palesemente scazzato?

La risposta è evidente, da una parte il cliente è invogliato ad ascoltare, dall'altra lo caccerebbe fuori a pedate dopo pochi minuti.
Sorridi sempre, non costa nulla e ha un grande potere, è la chiave che apre la porta della fiducia delle persone.

#3: Say My Name

"Fantozzi" e tutti gli altri film della saga (ma se vogliamo fare i critici cinematografici a tutti i costi allora diciamo tranquillamente solo i primi due, gli altri sono copie di mille riassunti con un protagonista ormai stanco del personaggio e con solo qualche sprazzo di buona idea ogni tanto) sono un bellissimo spaccato ancora attuale dell'Italia.

Fantozzi è l'italiano medio, sfortunato, desideroso di avere di più, forte con i deboli, debole con i forti, e che alla fine è sia vittima che carnefice (potrebbe migliorare ma non lo fa, non apprezza quello che ha e ironicamente oggi sarebbe un vincente) del proprio destino.

C'è una cosa di Fantozzi che mi ha sempre colpito e che forse è passata sotto traccia: tutti storpiano il suo cognome.

Pupazzi, Fantocci, Bambocci e così via, tutti i capi non sanno nemmeno chi è, e se ti fermi a pensarci è una cosa terribile.

Il nome per una persona è tutto, è l'essenza stessa di una persona e sbagliare il nome è una grandissima gaffe nel migliore dei casi e una grandissima mancanza di rispetto se fatta intenzionalmente.

Ricordo anche un bellissimo manga, "Monster", di Naoki Urasawa, un'opera bellissima che parla di un ragazzo che diventa un assassino e che usa la manipolazione per far fare agli altri il lavoro sporco al posto suo.

Un medico proverà a fermarlo senza tradire i suoi principi morali, che invece il mostro vuole distruggere.

Uno dei temi del manga (che ti consiglio, sono 9 volumi editi da Planet Manga) è l'importanza del nome e che senza un nome è come se una persona non esistesse.

È vero e quando leggo di cadaveri mai identificati (le "jane doe" americane) mi dispiace moltissimo non solo per chi è morto, ma anche per chi è vivo e non saprà mai chi è la persona che ha trovato e tutti i suoi collegamenti.
Senza il nome non esistono, brutto da dire, agghiacciante se ci si pensa, ma è la verità.
Sono solo dei cadaveri, della carne senza identità.
Credo che sia la cosa più terribile del mondo. Dal mio punto di vista il "Milite Ignoto" non è questa grande figata.
Sbagliare il nome o dare dei nomignoli palesemente dispregiativi è anche una tattica spesso usata in politica, specialmente nei primi anni del MoVimento 5 Stelle e che io non ho mai sopportato.
Non porta a criticare il messaggio, ma il messaggero, delegittimandolo e cercando di ergersi a persone meglio di lui dall'alto di un bel nulla.
Era una cosa che facevo all'asilo ma evidentemente non tutti sono maturati nel frattempo.
Se vuoi essere benvoluto da una persona non dimenticare mai di chiamarlo per nome quando ci parli.
Se non hai confidenza usa il cognome e "Signore" o "Signora" e quando potrai usare il nome non dimenticare mai di usarlo ogni volta che dovrai parlare con quella persona.
Il nome è importante per una persona, come già detto, e tutti apprezzano quando vengono chiamati con il nome di battesimo, anche se non lo danno sempre a vedere.
Puoi usare i soprannomi? Si, se il tuo interlocutore è d'accordo, ma io eviterei, a meno di non raggiungere un certo grado di confidenza.
Per non sbagliare limitati sempre al nome.
Un mio ex collega quando rispondeva alle chiamate salutava subito il cliente chiamandolo per nome.

Può sembrare una cosa basilare dell'educazione, ma ti posso assicurare che non è così e per una persona sentirsi chiamare con il nome è sempre una grande gioia.

#4: L'arte della conversazione

Siamo una società che si basa sulla comunicazione e per parlare con le persone, almeno prima dell'avvento dei social media e dei messaggini sul cellulare, si deve comunicare verbalmente.

Potresti pensare che un vero manipolatore sia una persona che è bravissima con la retorica e che usa le parole per vendere tutto alla gente e in parte è vero.

Ma i grandi manipolatori, quelli che fanno davvero la differenza e entrano davvero nella testa delle persone non si limitano a saper parlare bene, ma sanno anche ascoltare e stare in silenzio.

Perché ascoltare è tanto prezioso quanto parlare nell'opera di manipolazione e anzi, possiamo dire che "se parlare è argento, il silenzio è oro".

Io mi considero una persona molto paziente e tutti dicono che è abbastanza difficile farmi perdere le staffe completamente, ma ci sono alcune cose che mi entrano davvero sotto alla pelle e tirano fuori il peggio di me: chi ragiona per partito preso, chi disinforma, chi spoilera il finale della serie Tv che sto guardando, chi mette l'ananas sulla pizza e chi mi interrompe mentre sto parlando.

Non scherzo, per parafrasare lo chef Bruno Barbieri "mi parte un neurone, mi scende la catena" e divento la peggior versione di me stesso.

Succede a volte con la mia fidanzata, io sto parlando di qualcosa e lei mi interrompe parlando di tutt'altro, generalmente cose che non hanno nulla a che vedere con quello di cui sto parlando io o che non mi interessano e io tutte le volte perdo il controllo e litighiamo.

Lei lo sa che mi irrita moltissimo ma non riesce a smettere, è più forte di lei e alla fine ho deciso di adottare un altro dei metodi per farsi benvolere che vedremo tra poco, ovvero evitare le discussioni.

So che non lo fa con malizia, ma io percepisco l'essere interrotto mentre sto parlando (e per stupidaggini, oltretutto) come una grandissima mancanza di rispetto.

È un messaggio chiarissimo: "Di quello che vuoi dire non me ne frega proprio nulla e alla prima occasione troncherò la conversazione" e l'interlocutore lo capisce bene e questo è un pessimo modo per farsi benvolere.

Poi magari sono io a essere esagerato, ma tutti i principali esperti di manipolazione sconsigliano di interrompere qualcuno che parla, anche solo per non apparire come dei maleducati.

Saper gestire una conversazione non è solo avere una buona parlantina e della retorica, ma è anche l'arte di saper ascoltare, capire quando intervenire, quando stare zitti e che direzione dare alla conversazione.

Chi controlla la conversazione ha in mano le chiavi del successo e della manipolazione, non scordarlo mai.

Ecco qualche consiglio super efficace per controllare al meglio la conversazione:

- Presta la massima attenzione alla persona che parla e cerca di ascoltare tutto quello che ha da dire. Non interromperla mai, nemmeno se dice qualche baggianata colossale o anche se sostiene che la Terra è piatta e il Sole è solo una lampadina nel cielo. Cerca di reprimere l'istinto di urlare "MA CHE DICI!!!" e rimani impassibile e ascolta quelle parole insensate come se fossero proprio quello che volevi sentire. Impara ad ascoltare tutto o quantomeno, a fingere con successo di essere interessato.

- Non limitarti a restare zitto e a fare ogni tanto "Sì" con la testolina. Devi partecipare alla conversazione facendo domande e interventi, ma sempre non interrompendo mai chi sta parlando. Aspetta diligentemente il tuo turno e poi esprimi le tue considerazioni.

- Non alzare mai il tono della voce e cerca sempre di non perdere le staffe. So bene che non è facile con certe persone e in determinate situazioni, ma è la cosa migliore da fare per non rovinare tutto il tuo lavoro di manipolazione. Ricordati anche che alzare la voce non porta mai nulla di buono. Sarai considerato un maleducato anche se le cose che dirai dovessero essere giustissime e le persone si metteranno sulla difensiva o non tollereranno un atteggiamento simile, alzando la voce a loro volta. Questo modo di fare è la ricetta perfetta per un disastro, quindi non farla mai. Se senti che stai per alzare la voce calmati e conta fino a 100000000000 prima di parlare.

- Non devi mai monopolizzare la conversazione non facendo mai parlare l'altra persona. Ti ho appena detto che devi ascoltare e farlo parlare il più possibile. Parla sempre il meno possibile e evitando le "supercazzole".

- C'è un modo infallibile per farsi benvolere dalla gente in una conversazione: lascia parlare l'altra persona della cosa che più gli interessa nel mondo.

Dimostrare che sei sinceramente interessato a quello che piace a lui è un modo davvero efficace di rendersi simpatici. Ricordo che ho usato questo metodo di recente con un ragazzo che era un amico di un altro amico. Era la prima volta che lo vedevo e per puro caso si era trovato seduto vicino a me. Ovviamente non sapevo nulla di lui e non sapevo come attaccare bottone. Il mio amico mi venne in soccorso chiedendomi aggiornamenti sulla casa che stavo ristrutturando. Il tizio cambiò immediatamente espressione e mi chiese dei lavori. Era un geometra e mi disse che amava alla follia il suo lavoro e iniziò a parlarmi di una serie di cantieri che stava gestendo e di come fosse difficile farsi accettare un preventivo da parte di clienti che erano solo interessati a spendere il meno possibile ma che pretendevano la massima qualità del lavoro. Non pago di tutta quella pappardella di spiegazioni mi fece anche vedere delle foto sul cellulare dei ponteggi che erano montati su un palazzo che stava supervisionando e mi disse che quel lavoro era la sua passione e che non riusciva nemmeno a immaginarsi a fare qualsiasi altro mestiere. Certo, era faticoso e stressante, ma non lo avrebbe mai scambiato con nient'altro al mondo. Come puoi immaginare non era proprio il mio argomento preferito (anzi, lo detestavo) e non avevo proprio voglia di parlare di dati catastali e di preventivi di sabato sera. La mia prima reazione, quella istintiva, è stata di dire al tizio che non me ne fregava nulla del suo lavoro e che alla fine lui era solo un geometra come tanti, quindi di non darsi troppa importanza e di "volare basso". Ho scartato l'ipotesi e ho pensato di cambiare argomento conversando con il mio amico di tutt'altro, per esempio sull'interessantissima classifica del Festival di Sanremo e sulla scena da meme tra Morgan e Bugo, ma poi ho pensato che potevo provare in prima persona l'efficacia di questo consiglio e ho messo in pratica il metodo scientifico (ipotesi => esperimento => osservazione dei risultati => si traggono delle conclusioni che confermano o ribaltano completamente l'ipotesi iniziale). Ho incoraggiato il tizio a parlare del suo lavoro e ho sostenuto la conversazione, facendo anche delle domande e dando ragione al tizio (che comunque non parlava a vanvera, devo dirlo). Il risultato? Oltre le mie più rosee aspettative! Avevo fatto una grande impressione e quel ragazzo mi voleva rivedere per continuare a parlare. E dire che io avevo detestato ogni momento di quella conversazione, ma ne avevo ricavato un grandissimo guadagno!

Il risultato che si ottiene con queste strategie è doppio.

Il primo risultato è quello di ottenere tantissime informazioni sull'altra persona (e spesso sono rivelate senza nemmeno accorgersene), tutti dati che possono essere usati contro di lui in qualsiasi momento e, in secondo luogo, l'interlocutore si sente importante e apprezzato e, come hai già visto, questa è la chiave per conquistare la fiducia di una persona e per manipolarla successivamente per i propri scopi.

Sono più che sicuro che, se la mia conoscenza con quel ragazzo fosse proseguita (non è stato così per una serie di motivazioni al di fuori del mio controllo) sarei ben presto riuscito a fargli fare quello che volevo o a ottenere delle informazioni private molto importanti senza fare nulla se non ascoltare attentamente quello che lui aveva da dire.

Ecco il potere dell'ascolto!

#5: Non discutere

Ho imparato da parecchio tempo che le discussioni e i litigi non portano mai a nulla di buono e anzi, cancellano in pochi secondi un lavoro di manipolazione accurato e meticoloso che andava avanti da mesi.

Ti ho già detto che detesto venire interrotto mentre parlo, vero? Ogni volta che la mia ragazza lo faceva io mi arrabbiavo molto e cominciavamo a discutere e da quei litigi non usciva mai nulla di buono.

Per prima cosa, fai caso al fatto che quasi nessuno ammette di avere torto durante una discussione.

Ammettere di avere sbagliato è una prova di enorme umiltà che non tutti sono pronti a fare perché ferisce l'orgoglio di una persona e abbiamo già visto che l'orgoglio è molto dannoso in certe situazioni.

Ammettere di aver sbagliato significa ammettere implicitamente di non essere perfetti e questo ferisce l'orgoglio di tutti, è inutile stare a girare tanto attorno a questa cosa.

Quando si litiga o discute animatamente possono succedere tre situazioni:

1. Il tuo interlocutore non ammette di avere torto nemmeno davanti all'evidenza. Ti arrabbi ancora di più e la situazione degenera prestissimo.

2. L'interlocutore ammette di avere torto a denti stretti, ma non può lasciarti vincere così facilmente e allora cerca di minimizzare quello che ha fatto, di solito mettendo in mezzo tuoi errori passati (cose che tu nemmeno ti ricordavi a volte) o cercando di spostare il discorso verso errori più grandi del suo. "Si, ho sbagliato e la carne è cotta troppo, ma allora in

Parlamento che rubano lo stipendio?". L'intenzione è quella di fare un paragone (spesso forzato e campato in aria) che, nella sua intenzione, dovrebbe minimizzare la portata di quello che ha fatto. Questo è "benaltrismo", il bias che porta sempre a dire che c'è "ben altro" di cui occuparsi al momento, non certo della stupidaggine che ha fatto. Personalmente detesto tantissimo questo atteggiamento e quasi quasi preferirei una negazione a oltranza di quello che si è fatto, lo percepirei meno come un insulto alla mia intelligenza.

3. Si ammette l'errore in modo onesto e la discussione prosegue su dei binari decisamente molto più civili, come dovrebbe essere. Purtroppo però le persone sono drogate di orgoglio e cercano di difendere sempre con le unghie e con i denti quel poco di orgoglio che hanno e anzi che ammettere di avere torto preferiscono farsi trascinare in lunghissime discussioni che non portano nulla se non fastidi.

Personalmente mi sono quasi sempre imbattuto nell'opzione 2, quella che più detesto.
Non ho mai ricavato nulla da queste discussioni perché alla fine è solo un muro contro muro e nessuno dei due cambia opinione su qualcosa e anzi, ho corso tante volte il rischio di passare come quello che "voleva per forza far cambiare idea agli altri" e di essere visto in una cattiva luce.

Con il tempo ho capito che non valeva la pena farsi il sangue amaro per queste cose e che alla fine la gente è uno strano mix di orgoglio e stupidità e che è davvero facile farsi dei nemici, basta contraddire una persona in pubblico ferendo il suo orgoglio per avere un nuovo mortale nemico.

L'unica discussione che puoi fare è quella costruttiva, dove cerchi di trasmettere delle conoscenze all'altra persona o vi scambiate delle opinioni "da pari" senza la pretesa di fargli cambiare idea o con un atteggiamento che può essere interpretato proprio in quel modo.

In tutti gli altri casi ti conviene lasciare perdere, dai litigi non si ricava nulla di buono.

Limitati a scuotere la testa e ad accettare il fatto che Dio, la genetica, il caso, il Karma o quello che ti pare non ha ritenuto giusto dotare tutte le persone dello stesso livello di intelligenza e che per andare avanti nella vita serve tanta, tantissima pazienza.

Alla fine della fiera le discussioni demoliscono tutto il tuo lavoro di manipolazione e persuasione e quindi domandati se ne vale davvero la pena.

Da una parte hai il tuo orgoglio (si discute sempre per orgoglio, inutile negarlo) e vuoi affermare di essere nel giusto (o almeno così credi) e dall'altra parte il buttare nel cesso tutto il lavoro che hai fatto per farti benvolere da quella persona.

Metti sul piatto della bilancia le due cose e riuscirai a capire se vale la pena discutere o se è meglio scuotere la testa e poi passare oltre.

Ricordati questi consigli anche nel caso in cui sarai tu a sbagliare e a cadere vittima della discussione con un'altra persona.

Non pensare di essere perfetto e di essere sempre nel giusto perché è la peggior cosa che puoi pensare.

Al mondo nessuno è sempre nel giusto e chi lo crede sta commettendo un grosso errore che lo può danneggiare tantissimo.

Se hai torto in qualcosa non cadere anche tu nell'errore di scegliere tra l'opzione 1 e l'opzione 2 e ammettilo subito.

Non solo darai prova di maturità e di essere migliore delle altre persone, ma smorzerai sul nascere ogni intento bellicoso.

L'intento della discussione è infatti quello di "marcare il territorio" facendo capire all'altro chi è che comanda e se ammetterai subito di essere nel torto la darai immediatamente vinta al tuo interlocutore, che perderà la voglia di litigare.

A nessuno piace infierire su qualcuno che si è già arreso, non c'è soddisfazione nel farlo.

Anzi, perdonare li farà sentire meglio, superiori agli altri e abbiamo già visto diverse volte come sia benzina per l'ego della gente il fatto di ritenersi in qualche modo superiori a loro.

Certo, puoi anche imbatterti in gibboni che invece si sentono forti nel continuare a litigare e a infierire su qualcuno che si è arreso ma purtroppo non è possibile saperlo in anticipo e comunque se si ha torto è sempre meglio ammetterlo immediatamente.

Del resto, tu vorresti che gli altri facessero così con te, non è vero? E allora perché non cominci tu a dare il buon esempio?

E per finire, ricordati di permettere al tuo interlocutore di salvare la faccia in una discussione.

Ha ammesso l'errore, anche se a denti stretti? Bene, hai raggiunto il tuo scopo e non devi fare altro adesso.

Hai vinto e non devi commettere l'errore di voler stravincere perché umilieresti il suo orgoglio troppo.

Lascia al tuo interlocutore la possibilità di non essere umiliato gratuitamente e non te lo farai nemico.

Spero davvero di non averti annoiato con questo sermone, se l'ho fatto mi scuso davvero anche perché tutto si può sintetizzare con una sola frase: "il modo migliore per gestire i litigi è quello di non farli".

Conclusioni

Bene, siamo arrivati davvero in fondo a questo viaggio nel mondo della persuasione.

Spero che tu l'abbia trovato interessante e sono davvero impaziente di vederti all'opera con tutti i consigli che hai letto. Non sarà una cosa veloce ma è il modo migliore per persuadere una persona e per capire la sua psicologia e riuscire a entrare nella sua testa.

Ogni mente umana è diversa da tutte le altre, è un libro nuovo che non hai mai letto e spero che ogni lettura sia più interessante delle altre!

Grazie ancora per aver letto queste pagine e spero di ritrovarti ancora nelle mie opere!

Se questo libro ti è piaciuto e ti affascina il mondo della psicologia e della persuasione ti potranno interessare anche:

CARISMA: Come diventare il leader incontrastato del tuo gruppo, essere più socievole, attraente e magnetico anche se sei nato timido o pensi di esserlo

http://amzn.to/2KQ6LWe

COME ANALIZZARE LE PERSONE: Tecniche di psicologia comportamentale per leggere l'anima delle persone attraverso il linguaggio del corpo e capire cosa si nasconde dietro le parole di tutti i giorni

https://amzn.to/3rlD0gJ

In questi due manuali imparerai:

- L'esatto processo step by step per fare una prima impressione da urlo, catalizzando l'attenzione su di te in un attimo

- Come fare esplodere la tua autostima e diventare la versione migliore di te stesso (scoprirai come valorizzare i tuoi punti deboli e individuare i tuoi punti di forza)

- Come creare conversazioni intriganti, divertenti e potenzialmente infinite e non rimanere MAI PIU' senza nulla da dire quando incontri uno sconosciuto

- Come diventare il leader del tuo gruppo anche se sei sempre stato considerato "quello timido" e nessuno ti ha mai ascoltato

- Come crackare tutti e 3 i cervelli di chi ti sta davanti e leggerlo come un libro aperto (sì, abbiamo 3 cervelli, non lo sapevi? Non basta decifrarne uno solo…)

- Come rendere il tuo interlocutore totalmente inoffensivo e farlo giocare a carte scoperte anche se pensa di essere più furbo di te (riuscirai a capire cosa pensa anche solo guardandogli le mani…)

- L'esatta procedura mai rivelata che permette di individuare il 94,5% delle bugie durante una conversazione (lo scopriremo insieme analizzando nel dettaglio un vero interrogatorio)

- E molto altro ancora!